JN437727

하늘나라 엄마가

휴가를 오신다면

하늘나라 엄마가 휴가를 오신다면

글 | 김현숙 펴낸이 | 최병섭 펴낸곳 | 이가출판사
초판1쇄발행 | 2012년 7월 18일
출판등록 | 1987년 11월 23일
주소 | 서울시 영등포구 신길동 194-70
대표전화 | 716-3767 팩시밀리 | 716-3768
E-mail | ega11@hanmail.net
ISBN | 978-89-7547-089-9 (03810)

* 책값은 뒷표지에 있습니다.
* 잘못 만들어진 책은 구입하신 서점에서 교환해 드립니다.

하늘나라 엄마가 휴가를 오신다면

김현숙 지음

이가출판사

추천의 글

글을 읽다가 문득문득 마음이 아리고 눈물이 고입니다

평소에 나는 신문을 읽다가도 작은 글씨로 나와 있는 부고란을 열심히 봅니다.

비록 개인적으로 알지 못하는 이들이라도 세상을 떠난 이들의 영원한 안식을 기원하고, 이들을 멀리 떠나보내고 슬픔에 잠겨 있을 유족들의 슬픔을 헤아리며 짧게라도 기도하는 마음이 되곤 합니다.

어느 날 새벽, 메리놀 병원에서 호스피스 담당 수녀님이 내게 전화를 걸어 마지막으로 나를 보고 싶어 하는 환자가 있으니 잠시 다녀가면 좋겠다는 부탁을 받고 급히 달려간 적이 있습니다. 암 말기의 극심한 고통 중에도 초인적인 인내로 일어나 머리까지 감고 환히 웃으며 나를 맞아들이던 그의 모습은 호스피스 봉사자들 사이에서 한동안 화제가 되기도 하였습니다.

간밤에는 수십 년을 병상에서 보내고 계시는 우리 수녀님 한 분을 방문하였는데, "이젠 정말 하느님이 나를 데려가시면 좋겠어요!"라며 극심한 고통을 호소하시는데 마음이 아팠습니다.

건강한 이들은 얼마나 자주 고통 속의 환자들을 잊고 사는지요! 어쩌다 환자들을 방문해서도 그냥 건성으로 정성 없이 위로의 말을 전할 때도 있고, 때로는 사려 깊지 못한 말들로 위로보다는 오히려 상처를 주는 일 또한 적잖습니다.

임종의 고통 속에 있는 환자들을 대책 없이 바라보기만 하고, 아무런 도움도 줄 수 없을 때의 그 막막하고 답답한 무력감을 경험하지 않은 사람은 없을 것입니다.

호스피스 봉사야말로 시대와 종파를 초월해 어떤 분야의 봉사보다 뜻 깊고 소중한 것임을 갈수록 절감합니다. 죽어가는 환자뿐 아니라 깊은 슬픔을 감당하지 못해 살아서도 죽음을 경험하는 유족들에게까지 섬세하고 따뜻한 도움의 손길을 펼치는 호스피스 봉사자들을 만나면 나도 꼭 다가가서 감사의 인사를 전해드리곤 합니다.

'환자들의 마음을 헤아려보려 애쓰며 환자의 나이에 맞게 화제를 선택하여 묻거나 하면 그들은 모두 건강했던 과거를 꺼내 추억 속에 간직한 생각의 날개를 펴주십니다. 얼마나 고통이 심하냐는 물음은 부끄러운 물음이지요. 그냥 그분 앞에 가면 말없음표입니다.'라고 고백하는 김현숙 님. 호스피스 봉사자로서의 잘 익은 체험들이 가득 담겨 있는 〈하늘나라 엄마가 휴가를 오신다면〉의 소박하고 진실한 이야기들은 매우 슬프지만 따뜻합니다. 읽다가도 문득문득 마음이 아리고 눈물이 고이며, 때로는 웃음을 자아내기도 하는 이 진솔한 이야기들이 많은 이들에게 공감을 불러일으킬 것을 확신합니다.

아프고 슬픈 이야기들을 이토록 아름다운 작품으로 만들어 준 글쓴이의 영롱한 글솜씨 덕분에 부담 없이 즐겁게 읽히는 것 또한 사실입니다.

언젠가는 이 세상을 떠나게 될 우리 자신의 모습도 깊이 들여다보게 만드는 이 책의 일독을 권하며, 우리 모두가 자신에게 주어진 현재의 시간들을 좀 더 알뜰한 사랑으로 가꾸어가기를 기도합니다.

'그대가 헛되이 보낸 오늘 이 시간은 어제 죽어간 어떤 사람이 그토록 살고 싶어 하던 내일'이라는 말도 종종 기억하면서…….

샬롬

이해인 수녀

작가의 말

그대들을 보낸 그 시간만큼
당신들이 있는 그곳에 가까워졌습니다

나비 한 마리 날아갑니다…

나비는 영혼의 이동이라 합니다.

엄마 산소에 가면 나타나는 노랑나비 한 마리…

나비 속에서 엄마를 봅니다.

지금 마음속에 무수히 날아다니는 나비들은 저와 잠시 인연을 맺고 먼저 간 이들의 모습이라는 생각이 듭니다.

침묵이 금이라고 하지만 가장 가난한 자의 언어라고도 하지요. 아침에 집을 나설 때, '오늘도 웃으며 힘차게'라고 다짐하며 발걸음을 내딛지만, 호스피스 봉사하러 병원에 갔다 돌아오는 길은 모든 말을 잊게 됩니다.

"아이들이 어느 정도 컸으니 남을 위해 한번 살아보지 그래."라는 남편의 말에 친구를 따라 간 곳이 한강성심병원 원목실이었습니다. 도서 봉사를 하다 호스피스 교육을 받고 호스피스가 된지 어언 십여 년이 넘었습니다.

아픈 그들 앞에 서면 왠지 미안한 생각이 많이 들었습니다.

나만 건강한 것 같아서…

내 대신 아프고 있는 것 같아서…

도와 줄 것이 없어서…

빈약한 내 언어로 어떤 위로의 말로도 대신할 수 없어 그냥 손을 잡고 함께 울기도 하고, 화도 내고, 기도를 드리며 마음으로 서로에게 위안이 되곤 했습니다.

성별을 떠나, 나이를 떠나 환자와 호스피스로 만난 우리들은 서로의 가슴에 끝까지 남아 있는 사람들이 되었습니다. 그러나 가는 길이 서로 달라 오래 함께 하지 못함에 침묵하게 되고, 가슴에 말없음표를 무수히도 찍게 됩니다.

성서에 '사람은 아무도 제 목숨을 마음대로 하지 못한다. 아무도 꺼져가는 제 숨결을 붙잡지 못한다. 아무도 저 죽을 날을 마음대로 주장하지 못한다(전도서 8장 8절)'는 구절이 있습니다.

내 곁을 떠난 모든 친구들이여!

그대들을 보낸 시간만큼 그대들은 잊힌 게 아니라, 그 시간만큼 우리의 발걸음이 당신들이 있는 그 곳에 가까워졌지 않은가!

이곳에 있는 동안 착하고 예쁘게 살다 가고 싶습니다.

마음에 담고만 있었지 생각지도 못했던 책을 내는 일이었는데, 이런 일을 할 수 있는 것은 먼저 간 그들이 저를 통해 우리들에게 남기고 싶었던 이야기들이지 않았을까 하고 잠시 생각해봅니다. 좀 더 그들의 이야기를 잘 귀담아 들었을 걸 하는 아쉬움이 남습니다.

시작부터 끝까지 함께 해주신 하느님께 미약한 글을 올립니다. 그리고 부족한 글에 추천의 글을 써주신 이해인 수녀님께 감사드립니다.

어느 날 평범한 일상 속에서 한 순간, 의사로부터 청천벽력 암이란 진단을 받게 되어 "왜 하필 나에게! 이건 꿈일 거야!"하며 억울해하는 사람, 항암치료로 병원 침대에 누워 있거나 한밤중에도 잠이 안와 병원 긴 복도를 서성이는 사람, 지금 모습 아무에게도 보이기 싫고 아무도 만나지 않겠다며 돌아누워 울고 있는 분들에게 조용히 말해주고 싶습니다. "어둠, 절망과 친구하면 악마가 좋아서 웃어요. 그대들은 결코 혼자가 아니랍니다. 자! 일어나 우리 손잡고 환한 빛, 밝음과 희망을 따라 함께 걸어요!"

김현숙

contents

1장

사랑합니다

삶은 아름다운 것들로 어우러진 사랑입니다.
사랑은 빗속에서 은은히 퍼져가는 소나무향기이며
영혼까지 맑게 씻어주며 밤하늘을 밝혀주는 별입니다.

하늘에 계신 엄마가 휴가를 오신다면

엄마!

삶의 무게를 알고 싶으면 자기 나이에 곱하기 2를 해보면 안다고 하데. 그러면 48×2에서 시간이 멈춘 엄마는 이제 나보다 더 젊은 모습으로 남아있겠지!

일 년 사계절 중 가장 좋은 때를 고르라며, 봄에는 동틀 무렵이, 여름에는 한밤중이, 가을엔 황혼녘이, 겨울엔 새벽이 아름답다고 하시더니, 지금은 붉은 황혼녘이 한층 아름답게 느껴지는 걸 보면 가을인가 봐.

엄마! 가을이 오는 이즈음엔 엄마가 더 보고 싶어져. 이맘때 우리가 헤어졌잖아! 일 년에 한 번 아니 십 년에 한 번이라도 검사를 했으면 엄마의 병은 병도 아니라던데.

너무나 조용하고, 부끄럼을 잘 타서 산부인과 한 번 안 가보다가 결국 병을 키워서, 내 뱃속의 아이 출산예정일과 의사가 예견한 엄마의 사망예정일이 같았잖아!

모녀가 똑같이 배가 불렀는데 엄마의 배는 마지막을 예견하며 불러오는 절망의 배였고, 나는 생명의 탄생을 알리는 희망의 배부름이라 엄마와 나는 할 말은 많았어도 아무 말도 못했었지.

벽에 걸린 시계의 똑딱거리는 소리가 유난히 크게 들리고, 천장의 무늬만 바라보며 손으로 방바닥에 수없이 엄마의 얼굴을 그리기만 했었어. 할 말은 많아도 한 마디도 못하고 마음으로, 눈으로만 얘기를 나눠야 했던 침묵의 시간들.

가을이 깊어지려는 날!

배가 부를 대로 불러 있는 나에게 엄마는 하얀 상복을 입혀주었지. 그래도 먼저 가는 게 내가 산후 조리하는 데 도움이 되겠다고 생각하셨수?

남들은 삼우제라고 다들 엄마의 마지막 길을 따라가는데, 나는 엄마의 마지막 길을 제대로 보내드리지도 못하고 혼자서 산부인과로 아기를 낳으러 갔었어.

엄마! 나, 울지 않았어. '엄마는 죽기도 하는데 이깟 아기 낳는 게 뭐가 힘들어.'하고 소리조차 지르지 않았어. 엄마가 고통을 참아내는 걸 일 년 동안 지켜보았으니까.

엄마가 병중에서도 "남의 집에 시집갔으니 대를 이어주어야 할 텐데"하고 걱정해주더니, 나도 아들을 낳았어. 그런데 울보를 낳았지 뭐야! 엄마가 아파서 내가 우울했던지 아이가 울보라우.

엄마!

엄마가 돌아가신 다음 아버지도 어찌되는 줄 알았어. 엄마 떠난 가을에 막내가 군대에 가야했고, 둘째도 결혼 날짜를 잡고 보니 넓은 집에 정말 아버지 혼자가 되셨지 뭐야.

어느 날, 골목길에서 아버지를 만났어. 선술집 냄새가 나기에 어디를 다녀오셨냐고 했더니, 강가에 가서 철새들 모이를 주고 오셨다며 주머니에서 남은 수수와 보리를 꺼내서 보여주셨어. 술에 취해 누우신 아버지를 챙겨드리고 윗목에 노트가 있어서 뭔가 하고 보니 아버지의 일기장이었어.

"바람이 불어 문이 덜컹거려도 아내가 온 것만 같다."고 시작된 그 일기장에는 깨알 같은 글씨로 엄마에 대한 그리움이 적혀 있었어.

다음 날, 아버지는 먹을 가셨지. 가훈이 바랬다고 다시 써야겠다며 진하고 힘차게 쓰셨다우.

백절불굴의 의지로 살자

전에 엄마가 살아계실 때 아버지가 가훈이라며 우리 삼남매에게 말씀하실 때 '촌스럽다, 너무 길다'고 궁시렁거렸던 내가 아니우. 그런데 다시 가훈을 쓰시는 아버지가 고마웠어.

엄마!

난 그때 아버지가 쉰하고도 두 살밖에 안 된 젊은 나이인 줄 정말 몰랐어. 내가 결혼하고 아기를 낳았으니 할아버지인데, 아버지의 재혼은 꿈에도 생각하지 못했다우. 얼마나 엄마와 아버지 사이가 좋았었수? 남들이 잉꼬부부라며 부러워할 정도였는데. 그리고 엄마의 병수발은 어땠고.

지금도 잊지 못할 일이 있어. 외삼촌들이 아버지한테 선을 보라고 하셨다우.

나도 호텔 커피숍으로 아버지 선을 보러 갔지 뭐유. 남들은 아버지가 딸의 선을 보러 가는데, 나는 아버지의 선을 보러 간 거지.

미리 가서 기다리는데, '엄마는 아버지하고 이렇게 좋은 곳에 한 번이라도 와 봤을까?'하는 생각이 들면서 언제나 검소하고 소리 없이 웃기만 했던 엄마 생각이 더 나더라.

아버지의 선을 보러 온 게 아니라 조금 있으면 엄마가 환하게 웃으며 우리를 반기려고 문을 열고 들어올 것만 같았어. 엄마가 다시 살아서 돌아와 주었으면 하는 생각에 가슴이 미어졌어.

엄마! 난 말이야. 이 나이 먹도록 가슴이 미어진다는 게 뭔가 했는데, 그때 내 마음이 아픈 게 아마 미어진 거였나 봐!

찬바람이 불면 엄마 생각이 더 난다우. 이맘때 얼마나 힘들어 했었수.

우리가 죽으면 저세상에서 다시 만난다고 말하지만, 저승에서 다시 돌아온 사람이 없으니 그걸 어찌 믿겠어.

하지만 엄마! 엄마는 늘 초하루 보름달에 막걸리 사다놓고 장독에서, 부엌에서 늘 우리 가족의 건강을 빌었잖아. 그런 엄마가 어느 날, 이젠 믿을 것이 하느님밖에 없는 것 같은데, 어떻게 해야 믿는지 알 수가 없다고 했지. 난 하느님을 믿고 싶어하는 엄마의 마음이 이승에서의 마지막 소원 같아서 어떻게든 들어주고 싶은 마음에 "우리 엄마가 하느님 믿고 싶데요"하며 아름아름 떠들고 다녔지.

이런 내 말에 동네에 성당 다니는 분들이 우리 집을 찾아와 조용히 기도해주고 마리아라는 본명으로 대세를 주고 가셨잖우. 엄마가 그때 그랬잖아.

"이렇게 조용히 믿고 싶어."

기도문에 '영원한 삶을 믿나이다.' 이 말이 엄마를 만날 수 있는 유일한 희망의 말이 되었어. 영원한 삶을 믿나이다. 늘 힘차게 "아멘"한다우. 난….

엄마! 정말 우리 꼭 다시 만나야 해!

엄마, 보고 싶어….

엄마가 없더라도
꼭 밥 챙겨먹어

병원에서 환자들을 돌보고 집으로 돌아오는 길에 발걸음을 옮기며 생각해 보는 말이 있습니다.

"나도 저 하늘로 가게 된다면 마지막으로 어떤 말을 남기고 갈까?"

사람이 마지막으로 남기는 말 속에는 그 사람의 인생에서 가장 절실했던 삶이 농축되어 있다고 합니다.

서른두 살의 젊은 엄마가 생을 마감했습니다.

땀에 밴 그녀의 베개 머리맡에는 어린 딸이 보낸 그림카드가 놓여있었습니다. 그림카드에는 "엄마! 보고 싶어요. 빨리 나아서 놀이동산에 같이 놀러가요"라고 씌어 있었습니다. 남편은 엄마의 초췌한 모습을 보면 충격을 받을까봐 아이들을 병원에 데리고 오지 않았습니다.

그러던 어느 날 의사 선생님이 “이제는 마음의 준비를 하세요.”라고 했을 때, 남편은 아내에게 아이들을 보여주어야겠다고 생각했습니다. 다음 날 예쁘게 차려 입은 여자아이 둘을 데리고 왔습니다. 아이들이 온다는 소식에 아이들의 엄마는 다른 날보다 긴장이 되었는지 물수건으로 얼굴을 닦아달라며 마른 입을 자꾸 물로 축였습니다.

두 딸은 처음에는 너무나 변한 엄마의 모습에 당황하는 것 같더니 그래도 언니인 여덟 살 큰딸이 이내 엄마의 볼에 입을 갖다 대었습니다. 그러더니 “엄마! 많이 아파?”라며 안기더니, 머뭇거리는 동생의 손을 끌어다 “엄마인데 어때” 하디군요. 힘없이 웃는 엄마의 눈에는 어느 새 눈물이 고였습니다.

어쩌면 마지막 만남이고, 아이들한테 하고 싶은 말이 많을 텐데…. 잠시 침묵이 흐르고 엄마는 아이들에게 물었습니다.

“밥은 먹었니?”

그리고 엄마랑 약속할 게 있다며 힘들게 말을 꺼냈습니다.

“엄마가 없더라도 꼭 밥 챙겨먹어. 알았지?”

아이들은 까만 눈을 반짝이며 엄마의 마른 입술만 쳐다보고 있다가 아무 말 없이 고개만 끄덕였습니다.

얼마나 귀한 시간이고, 짧은 만남의 시간인데 겨우 아이들에게 마지막으로 남기고 싶은 말이 ‘밥 잘 챙겨먹어.’라는 말일까? 그러나 뒤돌아 생각해보니 그 말 속에는 몸이 아파 일찍 떠나게 되는 자신의 건강이 한스럽고, 두고 갈 아이들에 대한 걱정이 숨어 있었습니다.

잠시 오늘 아침 집을 나서며 아이들과 남편에게 어떤 말들을 했는지 떠올려 봅니다. 짜증 섞인 목소리로 아이들에게는 "공부 좀 해라", 남편에게는 "술 좀 그만 드세요"라는 말이었습니다.

'삶의 마지막 5분을 남기고 나도 가족들에게 어떤 말을 남기고 갈까?'하고 생각해보니 마지막이란 단어에 어울리는 근사한 말이 잘 떠오르지 않았습니다.

이젠 영영 못 볼지 모르는 자식들에게 마지막 말을 하는 엄마의 짧은 말에 왠지 조바심이 나고 안타까웠지만, 나도 역시 '밥 잘 챙겨 먹고 건강해야 한다.' 라는 말만 입안에서 맴돌 뿐이었습니다.

우리 울지 말자

'이제는 해야지'를 되풀이하다 보면 '벌써 끝났어!'가 되고 마는 경우가 많습니다. 그래서 사랑한다는 표현도 바로바로 해야지 망설이고 미룰 일이 아닙니다.

아버지의 장례식을 치른 후 아들이 찾아왔습니다.

스물두 살 아들은 온 세상을 잃은 것 같은 모습이었습니다. 장례식을 치르고 집에 와보니 아버지께서 쓰시던 물건들은 모두 그대로 있는데, 아버지만 안 계신 것이 너무나 이상했다고 합니다. 집에 가면 예전처럼 아버지가 당연히 계실 줄 알았는데, 아들은 당연한 일들이 믿어지지 않아서 받아들이기가 너무나 힘들다고 하소연을 했습니다.

그의 아버지는 건설회사에서 노동을 하며 생계를 꾸려나갔습니다. 처음 만났을 때는 어찌나 자존심이 강한지 마음의 문을 열지 않고 우리의 방문을 그리 탐탁해하지 않았습니다.

건장한 체격의 아버지는 감기라도 걸리면 콩나물국에 고춧가루를 풀어 얼큰하게 마시고 땀을 푹 내면 낫는다는 민간요법을 더 믿을 만큼 건강에 자신을 갖고 계신 분이었습니다. 늘 곁에서 간호하고 있는 아들도 체격이 어찌나 좋아 보이든지, 보는 사람들로 하여금 "자식 농사는 참 잘 지으셨어요."라는 말을 할 정도로 참 건장한 청년이었습니다.

가난한 집안에서 태어났다는 아버지는 아들에게 가난을 대물림하지 않으려고 밤낮으로 일했고, 대학생인 아들은 그런 아버지를 어느 누구보다 존경하였습니다. 세상에는 존경할 만한 덕망 있는 분이 많지만, 가족을 위해 맹목적으로 사랑하는 자신의 아버지를 제일 존경한다고 아들은 서슴지 않고 말했습니다.

처음, 아버지는 암이라는 통보를 받고 아들에게는 절대 말하지 말라고 당부를 하였습니다. 나중에야 어쩔 수 없이 알게 되겠지만 그 경황에도 아들이 놀랠까봐 걱정하였습니다.

아버지는 열심히 일하고 아껴 남부럽지 않은 가정을 이루고 싶었지만 운명은 그에게 모든 걸 허락하지 않은 것 같았습니다. 그의 아내는 교통사고로 먼저 세상을 떠났지만, 그래도 아버지는 흔들리지 않고 하나 남은 자식을 위해 아버지의 자리를 굳건히 잘 지켜내고 있었습니다.

혀에 생긴 종양(설암)으로 말을 못해 내부분의 의사소통은 글을 써서 전달했지만, 나중에는 너무나 쇠약해져 그것도 힘이 들어 될 수 있으면 짧은 대답이라도 말을 하지 않고 눈으로 대신하곤 했습니다.

아들에게 하고 싶은 말이 많은 것 같아 보였는데, 대화 대신 아들에 대한 대견함과 걱정으로 가득 찬 표정을 지어보이곤 했습니다. 아들의 손을 끌어다 만져도 보고 머리를 쓰다듬어 주기라도 할양이면 아들은 쑥스러운지 고개를 숙이고 아버지의 얼굴을 쳐다보지 못하였습니다. 그럴 때면 우리가 중간에 끼어 아버지가 다 듣고 계시니 하고 싶은 말, 평소에 하지 못했던 말을 해보라고 해도 청년은 멋쩍어하며 아무 말도 하지 못했습니다.

그러던 어느 날, 아버지가 아들한테 써준 메모를 보니 이렇게 세 글자가 씌어 있었습니다.

"암 유전 ×"

아마 당신이 암을 앓고 있으니 아들에게도 유전되는 것이 아닐까 걱정이 되었나 봅니다. 평소에도 더듬더듬 아들에게 가난만 남기고 혼자 두고 가는 당신의 신세를 한탄하곤 했지만 이젠 혹시라도 혼자 남은 아들이 아버지의 병으로 의기소침할까봐 유전이 아니라고 말해주고 싶었나 봅니다. 죽기 직전까지도 아들의 건강을 염려하는 아버지의 마음에 가슴이 찡했습니다.

평소 침묵이 남자의 무기인 양 그냥 말없이 살아온 아버지와 아들이지만 그래도 가야만 하는 마지막 길에 다다르니 더 애틋하게 하고 싶은 말, 들려주고 싶었던 말이 많은 것 같았습니다. 하지만 그들은 그 동안에 몸에 밴 습관 때문에 마음으로 말하며 서로 바라만 보았습니다.

어느 날, 아버지는 아들의 손을 끌어다 손바닥을 펴게 한 후 손가락으로 한 자 쓰고는 알았냐는 뜻으로 손을 흔들고, 또 한 자를 쓰고 아들의 얼굴을 쳐다보았습니다. 저는 얼굴이 붉어진 아들한테 아버지가 무슨 글을 쓰셨냐고 물어보고는 곧 후회하였습니다. 아버지가 손바닥에 써준 글은 '우리 울지 말자'였다는데, 그만 그걸 모르고 묻는 바람에 아들의 눈가에 눈물이 고이게 하고 말았습니다.

나는 엄마일 뿐입니다

여덟 살 때 거울을 몰래 들여다보고
눈썹을 길게 그렸지요.
열 살 땐 나물 캐러 다니는 것이 좋았어요.

연꽃 수놓은 치마를 입고
열두 살 때 거문고를 배웠어요.
은갑(銀甲)을 손에서 빼지 않았죠.

열네 살 때에는 곧잘 부모 뒤에 숨었어요.
남자들이 왠지 부끄러워서.
열다섯 살 때 봄이 까닭 없이 슬펐어요.
그래서 그넷줄 잡은 채 얼굴 돌려 울었지요.

– 이상억 님의 「무제」

여자라면 누구에게나 이렇게 까닭 없이 부끄러운 시절이 있었겠지요.

그녀가 붕대로 감긴 가슴의 상처부위를 살며시 들어 보여주었습니다.

"이렇게 되었어요."

행여 누가 볼세라 숨어 부끄러워, 봉긋한 마치 갓 따온 복숭아처럼 하얀 가슴이 있어야 할 부분에 살 껍질이 벗겨진 채 고깃덩이처럼 빨건 살덩어리가 붙어 있었습니다.

이런 상처부위가 당기고 아파 도저히 누울 수 없어 며칠을 앉아서 잠을 잤다며 누가 어깨 좀 주물러 주었으면 좋겠다고 하기에 정성을 다하여 주물렀습니다. 겨우 몇 분 지났는데, "힘들 텐데, 힘드실 텐데"를 연발하며 걱정을 하였습니다.

그런 말 속에서 평소 자신보다 남을 먼저 생각하는 마음이 엿보였습니다. 아프기 전에는 53킬로였는데 이젠 35킬로밖에 안 나간다는 말에 함께 간 봉사자가 "내 살 좀 떼어주고 싶구먼"하며 안타까운 마음을 전했습니다. 한참 이야기를 나누는데 온통 흰머리에 허리마저 굽은 여든의 친정어머니가 아픈 막내딸을 위해 병원 밖에 나가 먹을 것을 사 가지고 오셨습니다.

할머니와는 이미 오래 전부터 보아온 사이라 허물없이 인사말을 나누었습니다. 그런데 우리를 보고 전처럼 토씨 하나 안 틀린 어머니의 하소연이 또 시작되었습니다.

“저것이 미련해서 그래요. 지 몸 생각 안 하고 돈만 알다가 무리해서 이리 된 거예요. 처음 식당에서 일하다 겨드랑이에 뭔가 잡혀 검사를 하니 초기 유방암이라 해서 수술을 받았는데 아주 성공적이라고 의사 선생님이 말씀 안 했겠소. 그런데 저 미련한 것이 암덩이를 떼더니만 몸이 가벼워졌다며 수술 삼개월 만에 몸이 다 나았다고 다시 식당 일을 하러 나갔지 뭐유. 그렇게 무리를 했으니 일 년 지나 다시 재발을 안 했겠소…. 자식이 애물단지여. 젊은것이 이 늙은이의 간호를 받아야 것소? 죽는 것도 태어난 순서대로 갔으면 좋겠구먼.”

매번 곱씹는 어머니의 말씀에 딸은 우리에게 몸을 맡긴 채

눈을 지그시 감고 침묵으로 듣고만 있었습니다. 하지만 우린 말 안 하는 그녀의 심정을 알기에 그녀가 잠깐이라도 편하도록 주물러 주는 것밖에 할 수 없어 안타깝기만 했습니다.

영화 〈어둠 속의 댄서〉의 주인공 셀마가 또 여기 있구나 하는 생각이 들었습니다. 유전으로 이미 뱃속의 아기가 차츰 눈이 안 보이는 병이 발병할 것을 알면서도 셀마는 태동을 느꼈을 때 안아 보고 싶은 마음에 아기를 낳았습니다. 남편과 이혼을 했는지 사별을 했는지는 잘 기억나지 않지만 혼자 아이를 출산한 후 점점 눈이 멀어가는 아들의 수술을 위해 조국 체코를 떠나 미국으로 이민와 자기의 죽음으로 아들의 눈 수술을 성공시킨다는 내용인데….

이혼한 여자였던 그녀는 하나 뿐인 아들이 삶의 전부였고 사랑하는 아들을 위해서라면 자기의 목숨도 아깝지 않았습니다. 식당 일을 하면서도 곱게 커주는 아들이 고마워 더욱 열심히 일해 가난을 물려주고 싶지 않았습니다.

그런데 아프고 나니 더럭 겁도 났지만, 수술로 어느 정도 몸도 회복되니 왠지 마음이 조급해져 혹시라도 혼자가 될지 모르는 아들을 위해 일한다는 게 재발되어 이제는 언제 단두대의 칼날이 떨어질지 모르는 삶을 살게 되었다고 하소연하였습니다.

친정 엄마나 친척들이 보기엔 돈만 아는 딸, 동생으로만 보였지 아들을 너무나 사랑하는 엄마의 모습은 보이지 않았나 봅니다. 하지만 그런 말들이 섭섭하지는 않다고 했습니다. 그녀는 딸, 동생의 역할보다는 한 아이의 엄마 역할이 더 소중했기 때문입니다. 아니 눈에 넣어도 아프지 않을 아들을 위해 일부러 변명을 하지 않았습니다. 행여 친척들이 지나는 말로라도 엄마 고생시킨 녀석이란 말이라도 하게 될까 말을 묻어두었습니다.

유난히 병원비에 민감하고 치료비를 내야 하는 치료에는 지나치게 인색할 정도로 주저했던 그녀의 모습을 보았던 우리는 그런 사실을 알고 난 후부터는 그녀의 입장이 되어 생각하게 되었습니다.

그녀 앞에서 우리는 함께 기도했습니다.

"주님, 당신은 아실 거예요. 하루하루를 아주 성실하게 최선을 다하여 보람되고 열심히 산 삶을 아실 겁니다. 돈을 벌려고 일한 것이 아니라 혼자 남을 아들을 위해 열심히 일했습니다. 훗날 최선을 다하여 열심히 산 삶을 칭찬해 주세요."

병색으로 기미가 가득한 그녀의 얼굴에 소리 없이 눈물이 번졌습니다.

"저 정말 한눈 한번 안 팔고 열심히 살았어요."

등 뒤에서 나지막이 들리는 그녀의 독백이 병실 문을 나오는 우리들의 마음에 세찬 파문을 일으켰습니다.

어머니 죄송합니다

병이 깊어지면 질수록 육체의 고통도 심해지지만 불어나는 병원비에 금전적 고통으로 괴로워하는 환자와 가족들을 봅니다.

사는 곳은 전라도이지만 장가들어 분가한 아들이 서울에 살기 때문에 서울 병원을 찾게 되었다는 일흔이 넘으신 할머니가 위암으로 입원을 하였습니다. 남편을 일찍 여의고 외아들 하나만을 믿고 살아왔는데 그 아들이 서울에서 학교를 다니고 졸업하여 선생님이 되었답니다.

그 아들은 할머니의 젊은 시절 낙이고 희망이었다며 우리들에게 늘 아들자랑을 하셨고, 아들이 만들어 주었다는 통장 자랑을 하였습니다. 아들이 월급을 타서 매달 보내주는 용돈을 몇 년째 고스란히 저금을 하셨다고 합니다.

당신의 머리맡에 두었어도 늘 궁금하여 여러 번 확인하는 것이 습관이 되었고 자랑삼아 보여주신 통장엔 병원에 입원한 날짜를 마지막으로 가지런히 십 만원씩 몇 년 동안 입금된 몇 백만 원의 숫자가 찍혀 있었습니다.

"할머니 참, 부자시네요. 그 돈으로 맛있는 것 사 드시고 놀러도 다니시지 뭘 그리 저금을 하셨어요?"하고 물으니 우리 아들도 맨날 그랬지만 아들이 힘들게 번 돈을 어떻게 먹고 놀러 다니는데 쓸 수 있겠냐며 "나이 들면 자식과 돈이 힘이야. 나 죽어 북망산 갈 때 아들 신세 안지고 옷 해 입고 가려고 모았지. 나 죽었는데 세상 인연으로 안다고 찾아온 사람들한테 따뜻한 밥 한 그릇씩 먹여주고 갈 돈이여. 나는 통장만 보아도 배가 부르고 힘이 된다우."하시며 좋아하셨습니다. 그렇게 가지고 계시다가 잊어버리면 어쩌냐고 했더니 도장은 찬찬한 내 아들이 가지고 있는데 뭔 걱정이냐고 하셨습니다.

다행히 병은 연세가 있어서인지 통증도 그리 많이 느끼지 않고 '어서 집에 가야 할 텐데'하는 말이 인사말이 되도록 할머니는 오랫동안 입원하고 계셔야 했습니다. 효자 아들과 며느리는 오랜 병을 앓고 계신 어머니가 조금이라도 불편해할까 늘 마음을 썼고 그 모습이 곁에 있는 다른 환자와 보호자들에게도 귀감이 되었습니다.

또한 할머니의 자식사랑도 지극하여 다 큰 아들이었지만 당

신에게 나온 식사를 드시지 않고 아들이 먹어 주길 바랬고, 아들이 뜨는 수저에 손수 반찬을 올려놓았습니다.

"어머니 제발 이러지 마세요. 저 혼자 먹게 내버려두세요!" 하는 아들의 말에 눈물이 글썽이며 속으로 사그라지는 목소리로 "내가 할 수 있는 일이 뭐 있냐? 아들 밥 수저에 반찬이라도 한번 놓아주고 싶구나."하셔서 듣는 이들의 가슴에 울컥 뜨거운 것이 일어나게도 하셨습니다.

언제나 모든 사람에게 미안해하면서 봉사자에게나 의사, 간호사에게 우리 아들 며느리 같은 사람 없다며 항상 고마움을 표현하더니, 어느 날 아들을 불러 유언처럼 통장을 내놓으며 이 돈으로 장례식 치르고 찾아온 사람들한테 따뜻한 밥 한 그릇씩 먹여 보내길 부탁하셨습니다. 아들은 저금통장을 받는 순간 소리 내어 울었습니다.

그 후 할머니는 정말 그림처럼 조용히 눈을 감으셨습니다. 소식을 듣고 영안실로 찾아뵈었을 때 마침 상주인 아들이 우릴 맞아 주어 지나간 할머니와의 이야기를 나누며 할머니께서는 좋은 곳으로 가셨을 것이라는 말을 이구동성으로 나누었습니다. 그리고 어머님이 오랫동안 병원에 계셔서 마음과 몸은 물론 그동안의 병원비로 돈도 많이 들고 여러 모로 힘들었을 텐데도 어머니께 불편한 내색 한 번 안 하고 끝까지 봉양을 잘하셨으니 효자였다는 위로의 말을 건넸습니다. 살아생전 할머니께서 저금통장을 보이며 아들이 준 돈이라고 자랑하시며 늘 기뻐하셨다고 하자 상주의 얼굴이 붉어지며 눈가가 빨개지는 것을 느꼈습니다.

아들은 “어머니를 속인 제가 몹쓸 놈입니다. 효자가 아니라 불효자입니다.”하며 끝내 울음을 터뜨렸습니다. 병원비를 감당할 수가 없어서 어머니 통장의 돈을 카드로 인출해 썼다고 합니다. 어머니 뵐 때마다 죄를 지은 심정이라 다시 모아서 드려야지 하면서도 생활이 그리 잘 안 되었다고 하며 느닷없이 지갑에서 현금 카드 하나를 꺼내 구부려 쓰레기통으로 던져 넣었습니다.

비록 빈 통장이 되었지만 통장의 숫자만 믿고 늘 부자라고 여기며 뿌듯한 마음으로 떠나시게 한 것도 아들이 어머니에게 해준 효도이고 사랑이었다는 생각이 들었습니다.

그리움을
가슴에 남기고 간 사람

말은 조금 서툴고 투박하지만 곱게 생긴 여자 환자가 있었습니다.

고향이 어디일까 하는 궁금증을 일으켰던 환자였습니다. 늙으신 시어머니와 나이 차이가 제법 있어 보이는 남편이 간호하고 있었습니다. 그들은 환자를 간호하느라 지쳐보였고, 더욱이 다른 보호자들보다 차림이 초라하고 애처롭게 보여 마음이 더 써지는 분들이었습니다. 끼니도 환자에게 나오는 밥에 더불어 한 수저 뜨는 정도로 해결하고 있었습니다.

늙은 시어머니는 지나는 봉사자마다 손을 붙잡고 며느리를 위해서 기도 좀 해달라고 부탁하였습니다. 종교를 갖고 있지는 않았지만 며느리를 낫게 하기 위한 시어머니의 맹목적인 신앙은 정말 감동적이었습니다.

뒤늦게 알게 되었는데 스물 초반을 갓 넘긴듯 한 환자는 중국 연변에서 어느 사회단체의 주선으로 맞선을 본 후 나이 차이가 열 살이 넘는 농촌 노총각에게 시집온 여인이었습니다.

그녀와의 만남의 시간이 흐를수록 문득 어릴 적에 즐겨 읽었던 선녀와 나무꾼이야기가 생각났습니다.

머나먼 이국땅에 시집와 아이도 낳고, 시부모님 잘 모신다고 칭찬을 들으며 열심히 살아온 터라 불행을 겪고 있는 그녀가 더욱 애처로웠습니다. 남편은 머나먼 고향을 떠나온 어린 아내를 호강시켜주지 못해 늘 마음이 아팠는데, 그런 아내가 중병까지 앓고 있으니 가슴이 터질 것 같다며 울먹여 지켜보는 이들을 안타깝게 하였습니다.

병이 깊어갈수록 그녀의 향수병도 깊어만 갔습니다. 선녀가 하늘나라를 그리워하듯이 말입니다. 사랑하는 남편과 아이가 곁에 있지만, 그녀는 고향 연변을 잊지 못하고 그곳에 계신 부모님을 몹시도 그리워하였습니다. 남편이 연변에 계신 부모님을 모셔오자고 했지만 그녀는 부모님이 걱정하시니까 안 된다며 펄쩍 뛰며 말렸습니다. 부모님을 향한 그리움도 크지만, 병원비도 걱정인데 부모님을 모셔올 비용 때문에 더욱 그랬습니다. 다시 건강해지면 언젠가 만날 날이 있을 거라며 부모님에 대한 그리움을 달래는 그녀의 모습이 더욱 가슴 아팠습니다.

시어머니도 마치 친딸을 대하듯 시집와서 고생만 시켜서 며느리가 병을 앓고 있다며, 당신 가슴이 더 찢어질 듯이 아프다며 눈물을 흘렸습니다.

"이 늙은이부터 잡아가지. 한참 재미나게 살아갈 젊은것이 무슨 죄가 있어서 병들어 눕게 되었는지. 다 전생에 내가 지은 죄가 많아서 그래."

아마 시어머니의 마음은 샘솟는 옹달샘처럼 마냥 주고도모자라 그렇게 사랑을 주고도 더 주고 싶은 마음에 더 안타까워하는 부모 마음이라는 생각이 들었습니다.

청소하는 아주머니가 계신데도 언제나 곁에서 구부러진 허리를 하고도 몸에 밴 부지런함 때문에 일을 찾아 병실도 치우고 닦고 하시는 그 모습이 더욱 안쓰러워 보였습니다. 며느리도 늘 곱게 씻겨주고 갈라진 손으로 화장품을 문질러주며, "어여, 일어나거라. 어여, 일어나."하며 주문을 외우듯 중얼거렸습니다. 며느리도 마치 아기처럼 모든 걸 맡긴 듯 평온해 보였습니다.

긴 여름을 병실에서 보내던 어느 날, 여인은 남편과 시어머니에게 사소한 일을 가지고 한번도 그래 본 적이 없었는데, 아주 매몰차게 말했습니다.

"시집와서 고생만 했지, 내가 호강 한번 해본 적 있소? 내가 아니면 저 사람은 결혼도 못하고 총각귀신으로 살 뻔했는데 내게 한번이라도 고마운 마음을 가져본 적 있소?"

그때는 몰랐지만 지나고 나서야 그녀가 사랑하는 사람들과 정을 떼고 가려는 게 아니었나 하는 생각이 들었습니다. 이승에서 자기로 인해 슬픔 속에 살아가야 하는 사람들에게 정을 떼고 가는 것도 사랑의 배려라고 말입니다.

그녀가 떠나기 전 남편에게 마지막으로 부탁하였습니다.

"고향에 계신 부모님께 나 죽었다고 말하지 말고 일 년에 두 번, 생신날과 어버이날에 잊지 말고 꼭 편지 보내주세요. 아주 행복하게 잘 살고 있으니 걱정 마시고, 찾아뵙지 못하는 불효를 용서해달라는 글도 함께…."

내가 만일
한 가슴을 달랠 수 있다면

사람들이 모두가 건강하게 백수를 누리다 태어난 순서대로 저세상으로 간다면 가는 사람이나 남아 있는 사람이나 억울한 마음은 없을 것 같습니다. 하지만 죽음에는 조건도 없고, 남녀노소도 없으며, 태어난 순서대로 가는 것도 아닙니다. 죽음은 언제 어떤 모습으로 우리에게 다가올지 아무도 모릅니다. 때론 전혀 예기치 않은 순간에 뒤에서 덮쳐 절망에 빠뜨리기도 합니다.

제가 보아 온 죽음도 예외는 아니었습니다. 목욕탕에서 넘어져 뇌진탕으로, 추석 명절에 온가족이 고향에 계신 부모님을 뵈러 가다 교통사고로 엄마와 아들만 남게 된 가족도 보았습니다. 준비하고 있지 않았는데 이렇게 죽음은 예고 없이 다가옵니다.

어느 날, 열 살 조금 넘어 보이는 남자아이가 응급실로 실려 왔습니다. 외아들인 그 아이는 학교에서 돌아오다 집 건너편 횡단보도에서 신호를 무시하고 달려온 트럭에 사고를 당했습니다. 얼마나 마음 아프고 슬프면 소리도 안 나오는지 넋이 나간 채 울지도 못하는 부부를 보며 봉사자들의 가슴도 무너져 내렸습니다.

얼마 후 뇌사상태에 빠져 신부님이 조심스레 장기기증을 권유했습니다. 아들의 얼굴은 퉁퉁 부은 눈, 코, 입에 형체만 남아있고, 온몸은 기계로 연결되어 있는 고통중의 절박한 상황에서 세상을 떠나야 하는 아들이 애처롭기만 한데 그 몸에 다시 칼을 대라고 하니, 그런 제안을 하는 신부님이 무척 야속하고 미웠다고 합니다.

그런데 갑자기 아이 아버지 머리에 아이가 한 말이 떠올랐답니다. 언젠가 TV에서 세계장례문화에 관한 프로그램을 방영했는데, 어린아이가 죽으면 나무에 구멍을 만들어 그 안에 넣어주는 발리 섬의 장례문화를 보여주고 있을 때의 일입니다. 그것은 성장하는 나무가 미처 자라지 못한 어린 영혼을 위로해 줄 것이라는 의미를 갖는 발리 사람들의 의식이었는데, 함께 보던 아이가 "나도 나중에 저기 들어갈 거야!"하는 말을 했답니다.

죽은 아이만 들어가는 것이라고 했더니 "나도 죽으면 말이에요."라는 말에 갑자기 불길한 예감이 들어 소름이 끼쳤답니다. 그런 말은 함부로 하는 게 아니라고 아이를 꾸짖으면서도 그땐 아이가 철이 없어 하는 말이겠지 하고 무심히 흘려 넘겼는데 막상 아들이 이렇게 되고 보니 그 말이 떠올랐답니다.

아들을 오래 살리는 방법이 나무가 아닌 다른 사람의 몸에 넣어 주는 일일지도 모르겠다는 생각에 남편은 아내를 설득하였고, 마침내 부부는 아들의 짧았던 생애가 위로가 되는 방법일수도 있다는 생각에 아들의 신체 일부를 기증하기로 결심했습니다.

곁에서 이 모습을 지켜본 사람들은 부부의 모습에서 더 이상의 슬픈 모습은 볼 수가 없었습니다. 그저 말없이 조용히 다른 표현으로 전해지는 자식 사랑을 느낄 수 있었습니다.

이런 일이 없었으면 하지만, 예기치 못한 불행이 나에게나 사랑하는 가족에게 일어나 몸 주인은 말도 못하고 떠나갈 준비를 하는 데, 남은 사람의 결단으로 행하게 되는 일이 얼마나 큰 용기와 결단력이 필요한 일인지 상상하는 것만으로도 가슴 저리고 아픕니다. 그래서 대부분 떠나는 사람을 누구보다 각별히 사랑했고 아끼는 마음이 컸던 사람일수록 그를 오래 잡고 싶은 마음에 기증을 결정하는 것 같습니다.

시간이 흘러 우연찮게 세상을 떠난 분들의 보호자를 만나면 그때 그 상황에서 좀 더 용기를 내지 못했던 것을 후회하는 분들을 종종 봅니다.

"그러게 말입니다. 그땐 너무 슬퍼 경황이 없었는데 이제 후회가 됩니다. 누군가의 눈이 되어 빛이 되었으면 좋았을 텐데. 누군가의 심장이 되어 다시 벌떡 뛰며 살아있다면, 아니면 투석을 하며 그렇게 고생하고 있는 환자의 신장이 되어 그 사람들의 시원한 물소리 같은 소변을 보는 데 도움이라도 되었으면 좋았을 텐데. 그러면 떠난 사람도 조금이나마 위로받고 살 텐데. 그땐 너무 슬퍼 그런 생각도 못했어요. 나중에 그런 생각이 들지 뭡니까. 나중에서야…."

이런 응급 상황에 보호자가 결정을 내려야 하는 어려운 상황도 있지만 본인이 평소에 즐거운 마음으로 장기기증을 서약하고 증서를 몸에 지니고 다니는 사람도 종종 봅니다. 이렇게 남에게 콩 한 쪽이라도 나누고 싶은 마음에 내 몸 기꺼이 주고 싶어 하는 인정 많은 사람들은 죽지 않고 영원히 사는 사람들이라 생각합니다.

신부님 중에 이런 분이 계셨습니다.

전주의 김병엽 신부님이 언젠가 길을 가다 지나가던 아가씨가 "지금 몇 시나 되었어요?"하며 시간을 물어왔답니다. 신부님은 시간을 알려주는 대신 예쁜 아가씨가 어찌 시계가 없을까 하고 손에 찬 시계를 풀어 주었다고 합니다. 신부님이기 이전

에 아주 마음씨 좋은 이웃아저씨의 모습으로 남에게 뭔가를 주기 좋아하시는 분이라 생각되었습니다.

그런데 1998년 가을에 예기치 않은 오토바이 사고로 신부님이 돌아가셨습니다. 신부님의 유품을 정리하다 보니 이미 써 놓으신 유언장에는 '안구를 기증합니다. 병원에서 필요하다면 육체 전부를 실험도구로 제공합니다. 교회법에 저촉되지 않는다면 화장하여 그 재는 산림성장의 비료로 뿌리면 좋겠습니다.' 라고 씌어있었습니다.

죽어도 영원히 사는 사람들은 이렇게 마지막 부분까지 살신성인의 마음으로 고통 받고 있는 사람들의 일부분이 되길 원하며 조용히 유성처럼 사라집니다.

사람을 잊는 망각은 죽은 이의 두 번째 수의라고 합니다.

노래를 잘 부르는 가수는 노래를 남기고, 글을 쓰는 사람은 책을 남기고, 사진을 찍는 사람은 사진을 남겨 떠난 자를 기억하게 되는데, 마지막 모습이 아직도 세상 살아 있는 누군가의 몸에서 살고 있다면 망각의 수의는 입지 않을 것 같습니다.

문득 디킨슨의 시가 생각나는 밤입니다.

내가 만일
내가 만일 한 가슴을 달랠 수 있다면
나의 삶은 헛되지 않을 겁니다.
내가 만일 한 생명의 아픔을 덜어주고
한 사람의 괴로움을 달래줄 수 있다면
그리고 힘을 다해 그를 부축해줄 수 있다면
정녕 나의 삶은 헛되지 않을 겁니다.

엄마 없는 지현이의 소원

하느님이 천사들을 불러 수수께끼를 내셨습니다.

"세상에서 가장 불행한 사람이 어떤 사람이냐?"

천사들은 사랑이 없는 사람, 자식이 없는 사람, 힘없는 사람 등 여러 가지로 대답하였습니다.

그러자 하느님이 말씀하셨습니다.

"세상사는 맛을 제대로 모르는 사람이 가장 불행하다."

가끔 원목실에 놀러오던 아홉 살 여자아이가 있었습니다. 지현이는 뇌종양으로 수술을 받고 투병 중이었습니다. 나이가 어리다는 조출한 한 가지 희망만 빼놓고 나면 온갖 불행을 다 가지고 있는 그런 아이였습니다.

딸아이의 발병으로 아빠는 치료비를 벌기 위해 배를 타러

가서 연락이 안 되고, 엄마는 집을 나가고 없었습니다. 그래서 지현이는 할머니와 단둘이 병원에서 생활을 하고 있었습니다.

정말 아플 때만 빼놓고는 이 병실 저 병실을 다니며 병실에 함께 있다는 것만으로도 사람들에게 웃음을 주는 그런 아이였습니다.

병실을 오가며 신나는(?) 노래를 곧잘 부르더니 언제부터인가 곡목이 바뀌었습니다.

"아줌마! 노래 하나 부를까?"

"그래 한번 불러봐."

우리는 하던 일을 계속하면서 아이의 노래를 귓선으로 흘리며 듣고 있었습니다.

인생은 언제나 외로움 속의 한 순례자
찬란한 꿈조차 말없이 사라지고 언젠가 떠나리라.

노래의 1절이 끝나자 소름이 끼칠 정도의 전율이 느껴져 하던 일을 멈출 수밖에 없었습니다. 목소리가 낭랑하기도 했지만 너무나 곱고 절절히 부르는 바람에 모두들 입을 벌리고 약간은 기가 막힌 표정으로 아이를 바라보았습니다.

인생은 나뭇잎
바람이 부는 대로 가네.
잔잔한 바람아 살며시 불어다오.
언젠가 떠나리라.
인생은 들꽃
피었다 사라져가는 것
다시는 되돌아오지 않는 세상을
언젠가 떠나리라.
영원한 고향을 찾고 있는 사람들
언젠가는 만나리라.

노래가 끝났는데도 침묵만 흐를 뿐 박수를 치는 사람이 아무도 없었습니다. 결국 언제나 한 유머를 하는 동료가 말을 꺼냈습니다.

"에구, 지현아! 너 다음부터 이 노래 부르지 마라! 아줌마들은 '어머나! 어머나!' 같은 신나는 노래를 좋아하니까 그런 노래 불러라. 그런데 너 이 노래가 무슨 뜻인지 알고 부르는 거니?"

아이는 대답대신 '헤헤!' 하며 혀를 날름 내밀었습니다. 아마 귀엽게 웃지 않았으면 군밤 세례를 맞았을 겁니다. 조그만 녀석이 인생 찾고 있다고….

점점 눈이 멀어가는 공포 속에서도 지현이는 밝게 잘 지내고 있었습니다. 밝은 투병생활이 불행한 삶이 아니라 오히려 산다는 것이 무엇인지 알고 살아가는 것 같아서 가슴을 뭉클하게 만들기도 하고, 어린아이다운 귀여움으로 사랑을 독차지하였습니다.

손에 매단 링거 줄이 불편한데도 두 손 모아 노래를 부르고, 신이 나면 춤도 추다가 갑자기 머리가 아프다고 쓸쓸히 병실로 돌아가 며칠을 병마의 고통에 시달리다가 다시 일어나 또 다시 웃고 까부는 철없는 천사!

아기들이 한 번씩 앓고 나면 꾀가 한 가지씩 늘어난다는데, 지현이는 한 번씩 호되게 병마와 싸우고 나면 어른들의 세상을 알아가는 듯했습니다. 이번에는 아프고 나더니 침묵을 배운 듯했습니다. 한동안 웃지도 않고 말도 없어서 봉사자들이 조그만 아가씨의 눈치를 보았습니다.

며칠이 지난 어느 날, 원목실에 지현이 할머니께서 잠시 들르셨습니다. 차 한 잔을 대접하니 할머니께서 뭔가를 내놓으시며 한숨을 내쉬며 말씀하셨습니다.

"아주 망할년이야요. 어제 잠깐 나갔다 왔더니, '할머니 나 죽으면 봐' 하고 이 편지를 줍디다."

우리 할머니께

우리 할머니는 예쁘고 멋쟁이다.

그래서 맛있는 것도 잘 사주신다. 나는 그런 할머니의 착한 마음씨가 좋다.

나도 빨리 커서 할머니를 왕비처럼 모시고 싶다. 할머니가 웃으면 나는 꽃나라에 온 것 같다. 그래서 앞으로는 말썽부리지 않고 착한 마음을 갖고 싶다. 그런데 마음만 그렇게 생각할 뿐 그렇게 되지 않는다. 어쩔 땐 내 마음은 멀쩡한데 행동이 그렇게 되지 않는다.

왜 그럴까? 내일은 꼭 해야지 해야지 하면서도 난 그렇게 하지 않는다.

나는 하느님을 믿는다.

그런데 며칠 전에 병원 잔치를 하는데, 신부님께서 "네 처지 그대로 살아라!"라고 말씀하셨다. 난 그렇게도 하느님께 병을 낫게 해달라고 기도했는데. 그럼 나는 늘 이렇게 살라는 건가. 신부님이 미웠다.

내 꿈은 간호사였다. 수녀님도 되고 싶었다. 하지만 난 간호사를 택했다. 어쩔 때는 가수도 되고 싶다. 하지만 가수도 만만치 않은 것 같다. 노래는 둘째 치고 화가가 더 되고 싶다. 재미있는 거라면 뭐든지 하고 싶다.

어쩔 때는 아무것도 되고 싶지 않다. 하지만 할 수는 없어도 희망이 있어야 하는 법!

난 간호사가 되고 싶다. 밤낮으로 일하고 공부하는 간호사 언니들이 날 감동시켰다.

난 간호사가 되어 할머니를 오래오래 지켜드리고 싶다. 하늘나라 가실 때까지 영원히 말이나. 그렇게 다짐하고 또 다짐했다. 할머니를 행복하게 해 드린다고!

그리고 간호사가 되어 병든 환자를 돌보고 싶다.

단풍이 빨갛게 물들던 가을 중턱에 지현이의 바람은 우리의 가슴을 더욱 붉게 물들이고 그렇게 낙엽처럼 가뭇없이 떠나갔습니다.

제 가슴에도
무덤이 하나 생겼습니다

대학 2학년에 다니던 아들이 연락도 없이 사라졌습니다. "또 방랑벽이 도졌나? 아니면 꽃동네나 다른 봉사하는 곳에서 친구들과 함께 있나?"라고 생각을 하면서도 연락 한번 없는 아들 녀석이 여간 섭섭한 게 아니었습니다.

4대 독자에다 누나들만 있는 가운데서 자라서 다른 남자애들처럼 강하지 못하고 심약한 아들이 늘 걱정되었습니다. 그러나 아들은 주위의 안타까운 모습을 보면 참지 못하고 적극적으로 나서서 도와주곤 했습니다.

초등학교 다닐 때의 일입니다. 한번은 부탁할 게 있다며, 친구들을 데리고 오면 집안이야기나 어디에 사는지 그런 것은 물어보지 말아달라고 하는 것이었습니다. 친구들은 대부분 부모님이 맞벌이를 하셔서 점심을 제대로 못 먹을 것 같아 일부러 우리 집에 놀러가자고 해서 데리고 오는 것이니 자기보다 밥도 더 많이 주고, 친절하게 대해달라고 하였습니다.

누가 가르쳐준 것도 아니고 그렇게 하라고 시킨 것도 아닌데, 심성이 고운 아들이 무척 대견스러웠습니다. 아장아장 걸어도 사내걸음이라고 그래도 남자다운 모습으로 자라나는 아들은 우리의 희망이었습니다.

그런 아들이 소식이 없으니 걱정이 되었지만, 언제나 주님께서 함께 하리라는 생각으로 매일 아들을 위해 기도를 드리고 있었습니다.

그러던 며칠 후 아들과 친하게 지내는 친구가 소식을 전해주었습니다.

"그 녀석 잘 지내고 있으니 걱정 마시고 마음 편히 계세요."

아들 친구의 말에 안심이 되어 소식도 없는 아들 녀석에게 무척 섭섭했지만 참고 기다렸습니다. 그로부터 2주쯤 지날 무렵에 군사우편이 도착해서야 아들이 군대에 입대한 걸 알게 되었습니다. 다른 사람들은 일부러 군대를 안 가려고 노력을 한다는데, 4대 독자로 군대에 안 가도 되는 상황에서 군대를 가겠다고 했을 때 무척 말렸습니다. 그때마다 아들은 남자라면 한 번쯤 갔다 와야 하고, 건강한 몸과 마음으로 늠름한 아들이 되어서 오래오래 호강시켜드리고 효도를 하겠다며 저를 껴안아 주었습니다.

면회라도 자주 갈 수 있는 곳이라면 좋으련만, 아들은 해병대에 지원해서 백령도에서 근무하는 바람에 면회조차 자주 갈 수 없었습니다. 남편도 그런 아들이 섭섭한 눈치였지만 속으로는 흐뭇해하고 대견한 마음도 있는 것 같았습니다. 남편은 이미 알고 있으면서도 말을 안 하고 있었다며 뒤늦게 고백을 하였습니다.

"당신이 알면 펄쩍 뛸까봐 말도 못했는데 아들이 입고 간 사복을 보면 눈물을 흘릴까봐 우체부를 밖에서 기다렸다 받았어."하면서 아들 녀석의 옷을 내밀었습니다. 아들의 옷꾸러미에 얼굴을 묻고 체취를 맡으며 건강하고 무사히 군대생활을 마치게 해달라고 기도하였습니다.

아무래도 아버지의 사랑과 엄마의 사랑은 다른가 봅니다. 남편은 '사자가 새끼를 낳아 어느 정도 자라면 절벽으로 데려가 떨어뜨려서 살아남은 놈을 키운다'는 사자의 이야기를 들려주며 내심 흐뭇해하는 표정을 지었습니다.

며칠 후 아침 일찍 서둘러 아들을 찾아 면회를 갔습니다. 제 누나들이 전해 주라는 선물보따리를 들고 아들을 만나러 가는 길은 정말 잊고 살았던 기다림과 설렘의 감정을 일깨워 주었습니다.

군부대 입구에 도착하니 푸른 군복의 군인들이 전부 아들 같았습니다. 면회신청을 하고 한참 기다리니 뛰어오는 아들의 모습이 보였습니다. 그러나 금세 눈물로 흐려져서 아들을 제대로 볼 수가 없었습니다.

"충성!"

예전의 걱정스러웠던 연약한 아들은 보이지 않고, 구릿빛 얼굴과 늠름한 모습에 너무도 자랑스럽고 든든하게 느껴졌습니다. 군기가 바짝 들어 나의 물음에 "네, 그렇습니다!"만 복창을 해서 잠시 낯선 아들처럼 느껴지다가 이내 제 모습으로 돌아와 "어머니!"하고 부르는 아들이 너무나 사랑스러웠습니다.

너무나 짧고 아쉬운 만남이었습니다. 돌아오는 길에 "어머니 한번 업어 드릴까요?"하며 저를 덥석 업어주었습니다. 나는 깜짝 놀라 길에서 흉하다며 책망을 했지만, 곁에 있던 남편은 "아들이 업어준다는데 한번 업혀보구려."하며 흐뭇한 미소를 짓고 있었습니다.

집에 돌아와도 아들의 얼굴이 눈에 밟혔지만, 잘 있으니 걱정 말라는 아들의 편지로 위안을 삼으며 지냈습니다. 어느 새 몇 번의 정식 휴가도 왔다 가고, 이젠 석 달만 있으면 제대를 하여 집으로 돌아올 날만 남았습니다. 나와 남편은 아들 방을 새롭게 단장하고, 가구 배치도 다시 하며 남은 시간을 손꼽아 기다렸습니다.

그러던 어느 날 새벽, 한 통의 전화가 저를 절망의 지옥으로 빠뜨렸습니다. 내 삶이 정지된 날이었습니다. 아들이 다쳤으니 부모님이 오시라는 짧은 전갈이었습니다. 아들 곁으로 달려가는 길에 "그래, 죽지만 말고 살아만 있어다오."라고 수없이 되뇌었습니다.

그런데 다쳤다는 아들은 차가운 영안실에 있었습니다. 하늘이 무너져 내렸습니다. 남편과 남동생이 아들이 있는 곳에 다녀오더니 안 보는 게 좋겠다며 아들을 보지 못하게 하였습니다. 마지막 가는 아들의 얼굴도 보지 못하고 아들을 가슴에 묻어야만 했습니다. 나는 너무나 심약하고 담대하지 못한 엄마였습니다.

부모가 죽으면 땅에 묻고 자식이 죽으면 가슴에 묻는다고 하더니 제 가슴에도 무덤이 하나 생긴 지 5년이 되도록 전 정상이 아니었습니다. 죽은 아들이 집안을 우울하게 한 것이 아니라 내가 우리 집의 문제아가 되어갔습니다. 밤이면 불면에

시달리다가도 '꿈속에서라도 한 번만이라도 보고 싶구나'하고 애원하며 잠을 청하기도 했습니다.

삶의 의미를 잃고 늘 아들 생각에 젖어 살아서일까요. 어느 날 정말 생시처럼 아들이 나타났습니다. 아들은 "엄마! 이젠 제 걱정 마세요"라고 생생한 목소리로 말했습니다. 통곡하는 소리에 남편이 흔들어 깨웠을 때에야 비로소 꿈이었다는 것을 알 수 있었습니다.

아들의 애원하는 목소리를 듣고 나서 다시는 울지 않기로 결심했습니다. 그리고 이제는 아들을 놓아주기로 했습니다. 그러나 아들에게 못 다한 사랑을 다른 이에게 전하지 않으면 전 살 수가 없을 것 같았습니다. 그래서 병원에서 환자를 돌보기로 마음먹었습니다.

그 후 저는 새 생명의 탄생을 알리는 산부인과와 마지막 가는 길에 서 있는 호스피스 병동에 나가고 있습니다. 그런데 전 마지막 가는 사람들과의 만남인 호스피스 병동에 갈 때 마음이 더 애틋해집니다.

이제는 옛 이야기처럼 아픈 과거를 잊고 모든 환자들이 곁을 떠나간 아들 같아서 한 번 더 위로해 주고 싶고 한 번 더 안아주고 싶은 마음으로 아들을 가슴속에 묻어 두고 오늘도 열심히 봉사활동을 하는 자매님과 한 병원에서 늘 만납니다.

아버지 사랑합니다

언젠가 이런 글을 읽은 적이 있습니다.

'60억의 사람이 단 한 명의 예외도 없이 공유하는 경험이 하나 있는데 그것은 바로 죽음이다. 그러나 그 누구도 죽음이라는 가장 보편적인 경험을 공유하지 못한다.'

그 까닭은 인구수만큼이나 다양한 죽음이 존재하기 때문이라고 합니다.

죽음을 두려워할 것인지, 초월할 것인지는 죽어가는 사람 각자의 몫이라 생각됩니다. 그런데 빈손으로 떠나는 죽음의 길은 같지만 이들의 곁에서 보아온 마지막 모습은 모두 달랐습니다.

어떤 종교이든지 신앙을 가진 사람들은 자신들이 믿는 종교로 귀의한다고 생각해서인지 신앙이 없는 사람보다는 죽음을 안식과 평화로 생각하고 차분히 지나온 일생을 반성하고 후회와 미련 없이 마음에 있었던 앙금마저 버리고 모두를 용서하며 떠나는 모습을 종종 보았습니다.

때로는 우연의 일치인지 모르지만 마지막 길에서 공통적으로 살아 있는 우리에게는 보이지 않는 사람, 즉 검은 옷을 입은 사람이 이름을 부르며 데리러 왔다든지 누군가가 찾아왔다는 말과 "지금 몇 시나 되었지?"하며 평소엔 묻지 않았던 시간을 계속 묻는 사람도 있습니다. 환자 곁에서 이런 이야길 듣는 사람들은 '임종이 가까워졌나?'하는 생각을 하게 됩니다.

언젠가 병실에 폐암 말기인 여든 살의 할아버지가 입원하고 계셨습니다. 가족들이 지극한 간호에도 불구하고 연세가 많아서인지 차도도 없이 날로 쇠약해지기만 하였습니다. 긴 병에는 효자가 없다며 유료간병인에게 환자를 맡겨 놓고 찾아오지 않는 가족에 비해 이 가정은 형제며 며느리들이 순번을 정해 온 가족이 돌아가며 할아버지를 극진히 간호하는 모습이 참 좋아 보였습니다.

환자인 할아버지는 물론 온 가족이 신자여서 늘 성가 소리와 기도 소리가 끊이지 않았습니다.

할아버지가 처음엔 항상 똑바로 누워 손에 묵주를 쥐고 함께 기도하며 고통을 잊으려고 애를 쓰는 모습이 때론 평온해 보였습니다. 그러나 시간이 흐를수록 통증이 심해져 말 대신 손가락 하나로 모든 의사소통을 하였습니다. 검지를 오른쪽으로 까딱하면 오른쪽으로 몸을 돌려달라는 신호였고, 다시 손가락을 왼쪽으로 하면 왼쪽으로 눕혀달라는 신호였습니다.

병세가 깊어질수록 할아버지의 손가락놀림은 잦아지고, 나중엔 5분 간격도 못되어 이쪽저쪽으로 눕혀달라고 주문을 하였지만 그래도 가족들은 아무도 불평불만 없이 할아버지의 명령이 떨어질 눈과 손가락에 시선을 집중시키고 있었습니다. 오히려 할아버지의 손가락 움직임에 시원스런 대답으로 "예! 예! 아버지, 이렇게 해야 덜 아프시나요?"하면서 할아버지의 주문에 맞추어 눕혀 드리곤 하였습니다.

그러나 시간이 흐를수록 환자도 환자지만 간병을 하는 가족 모두 지쳐갔습니다. 집에 있는 식구는 병원에서 간병하는 식구를 위해 피로회복제를 사오고, 방금 지은 식사를 날라 이럴 때일수록 밥 잘 챙겨 먹고 건강해야 한다며 서로 위해주는 모습이 참 아름다운 가족이었습니다. 초등학생 어린 손자까지 할아버지를 위해 카드를 만들어 보내며 온 가족이 지극 정성으로 할아버지에 대한 사랑을 보였습니다.

시간이 흐를수록 할아버지로 인해 간병하는 가족들의 생활 리듬이 깨진 것은 물론 체력적으로 너무 힘들어하는 가족의 모습을 보고 가족 중에서 그래도 나이가 많은 장녀가 아버지께 귀에다 대고 아주 큰 소리로 말했습니다.

"아버지요! 우리는 아버지를 무척 사랑합니데이. 하지만 아

버지, 우리가 아무리 최선을 다해도 이미 하느님이 조만간에 아버지를 부르실 것만 같소. 그러니 아버지 정신 바짝 차리고 계시소. 아버지! 그런데 아버지가 아프셔서 이쪽으로 눕혀 달라 저쪽으로 눕혀 달라 하는 마음은 우리 충분히 아오. 하지만 그렇게 하다 보니 우리가 아버지를 위해서 기도를 잘 못한다 말이오. 아픈 사람에겐 약도 주사도 병을 낫게 해주지만 기도도 열심히 해야 영혼이 낫는다 안 합디까. 우린 아버지를 위해 기도를 하고 싶소. 그러니 아버지도 힘들지만 우리와 함께 한 번 큰 소리로 기도를 해 봅시다."

딸의 말을 듣고 할아버지는 눈물을 흘리시더니 고개를 끄덕였습니다.

그 후로는 정말 병실에 가족이 오는 대로 모두 기도를 바치는 모습이 작은 교회가 된 듯 했습니다. 할아버지도 산소마스크를 쓴 채 아주 입을 크게 벌려 "하늘에 계신 우리 아버지!…" 하며 함께 기도를 하셨습니다. 이렇게 병실에서는 한동안 기도가 끊이지 않고 계속 이어졌습니다.

그러던 어느 날 아침, 할아버지는 딸에게 누가 날 찾아왔다는 말을 더듬더듬 거리며 하였습니다. 딸은 깜짝 놀라며 이렇게 말했습니다.

"아버지, 내가 책에서 보니 오른쪽에 있는 사람은 천사고 왼쪽에 있는 사람은 악마라 합디다. 아버지, 오른쪽에 있는 사람을 꽈악 붙드이소! 그리고 환한 빛, 환한 쪽으로만 보이소. 절대 어두운 곳으로 가면 안 된데이…."

할아버지는 벅찬 숨을 몰아쉬며 알았다고 고개를 다시 끄덕이며 다시 시작되는 여러 사람의 기도소리와 함께 "하늘에 계신 우리 아버지!"하며 입을 크게 벌려 온 힘으로 주기도문을 읊었습니다.

"어! 그런데 언니야! 아버지가 좀 이상하데이…. 산소마스크 안이 왜 저러노? 앗! 아버지 가셨나보다! 아버지! 아버지…. 얼른 의사 선생님을 불러라! 아버지! 정신 바짝 차리시소! 만약 가시는 거라면 환한 빛, 밝은 쪽으로만 가시소! 아버지! …"

엄마보다 하루만 더

언젠가 어느 신부님께서 이런 말씀을 하셨습니다.

"신부가 되면 고백소에서 남의 비밀도 다 듣고 얼마나 재미있을까 하는 생각을 했었는데, 막상 신부가 되어 고백소에 있으니 신부가 되기 전의 생각과는 달리 말을 하는 것보다 남의 말을 들어주는 것이 얼마나 힘든 일인지 알게 되었습니다. 그래서 그런지 고백소에서 들었던 이야기가 밖에 나오면 하나도 생각이 나지 안더라구요."

감히 신부님과 비교를 할 수는 없겠지만 저도 가끔 봉사랍시고 병원엘 가면 환자들의 이야기를 들어주어야 하는 입장인데, 이번에 만난 환자의 말은 정말이지 잊히지 않습니다.

다음 주에 병원에 오면 혹시 만나지 못하는 거나 아닐까 하고 걱정이 되었던 환자가 다시 원기를 회복하여 반갑다고 우리

더러 노래 한번 불러보라고 하는데, 아~ 까짓것 죽은 사람이 살아왔는데 노래 한번 못 부르겠어요? 그런데 늘 습관처럼 예의상 한번은 빼자는 생각이 머리에 입력이 되어 있어 저도 모르게 "저 노래 못해요!"라는 말이 먼저 나왔지 뭡니까. 그럼 환자도 예의상 '그래도 한번 불러보세요'해야 하는데, 환자는 "그럼 부르지 마세요. 너무 무리한 부탁이였죠?"하며 농담이었다고 합니다.

진담 반 농담 반으로 듣기는 했어도 사실은 그 사이에 혹시나 하고 앵콜송까지 준비하고 있었는데. 멋쩍음을 감추고 마흔다섯 살의 남자 환자분과 이야기를 나누었습니다.

"처음엔 죽는다는 것이 막 두려웠어요. 내일 아침 눈뜨지 못하고 죽었다면 억울하지 않은데, 막상 의사 선생님이 준비를 하세요. 한 3개월 정도. 이렇게 이야기해주실 때는 너무나 억울한 생각이 들었어요. 정해진 시간이 원망스러웠어요. 마귀 악마들이 막 쫓아오는 것 같고, 매일 악몽을 꾸고…. 그러다 이제는 '누구나 다 죽는데 내가 단지 좀 일찍가는 거지.'하고 체념이 되더라구요."

"그런데 죽는다는 생각이 들고 식구들 걱정은 안 되시던가요?"

"처음에는 죽는 게 낫지 않을까 하는 생각도 들었지만, 통증이 조금 덜해지니 그때서야 가족 생각이 나더군요. 집이라도 있고 아이들도 컸으니 그런대로 살아갈 수 있겠구나 하는 생각이 들었습니다. 그런데 내가 죽으면 안 되겠다는 생각을 하게 한 사람이 있었어요. 우리 엄마! 우리 엄마는 나이 서른에 아버지를 보내고 재혼도 하지 않고 무척 고생을 하면서 저희 삼형제를 키우셨어요. 그런데 불행하게 형님 두 분이 차례로 암으로 돌아가셨어요. 형들이 갈 때마다 어머니는 부쩍 늙고 늘 박복한 사람이라고 당신을 원망하셨거든요. 복 없는 엄마를 만나서 그런가보다 하시며 형들이 먼저 간 것도 당신 탓으로 돌리셨어요. 그런데 저마저 죽게 되면 우리 엄마가 얼마나 가슴이 아플까 하는 생각에 늘 기도했어요.

'엄마 앞에서 죽지 않게 해주세요. 엄마보다 하루만 더 살게 해주세요. 우리 엄마는 일흔이 넘었구 아파서 약으로 사시거든요.'

살아야지, 살아야겠구나 하고 생각하니 5분에 한 번씩 맞았던 진통제가 10분으로, 나중에는 30분으로 늦춰지더라구요. 지금도 오래 살지 않아도 되지만 우리 엄마 슬프게 하고 싶지 않고, 엄마 앞서서 가지는 말자고 몸과 마음을 추스르고 있어요."

이런 애절한 말을 듣는 제가 무슨 할 말이 있겠습니까! 그냥 저도 모르게 고맙다는 말이 나왔습니다.

"고마워요…, 정말 고마워요."

엄마의 눈물

가끔 그녀의 병실 문에는 면회사절이라는 푯말이 붙어있습니다. 그럴 때마다 또 백혈구가 감소하여 저항력이 약해졌나보다 하고 생각하며 그녀가 하루 속히 완치되길 기도하고 발걸음을 되돌립니다.

이제 한창 필 나이 스물한 살의 대학 2학년생인 그녀는 처음엔 피곤해서 오는 열감기와 코피인 줄 알았는데 열이 계속 내리지 않아 병원을 찾게 되어, 그날 백혈병이라는 진단을 받았습니다.

슬픈 영화나 소설에 묘사되는 백혈병을 앓는 주인공처럼 체격도 마르고 가냘픈 인상에 얼굴 피부 또한 희고 손도 아주 연약해 보이는 여학생이었습니다.

그녀를 처음 만났을 때, 항암 치료로 이젠 민둥머리가 되었다고 손으로 머리를 쓱 문지르며 머리카락이 다 빠진 머리에 예쁜 수실로 짠 모자로 머리를 감추던 첫인상 때문에 자주 방문하고 싶은 환자였습니다.

그런데 병실에 들어서면 늘 환자의 엄마가 곁에 있었지만 여느 모녀 사이 같지 않게 냉랭한 모녀간의 사이가 병보다 더 건조한 마음을 만들어 주었습니다.

'혹시 친엄마가 아닌가?' 하는 생각이 스쳤지만 사람 많은 곳에서 엄마와 떨어져 있더라도 금방 한눈에 모녀 사이임을 알아볼 수 있을 정도로 뺨의 볼우물까지 엄마와 딸은 너무나 닮았습니다.

가끔 그녀는 음식을 거부하기도 하고 그냥 죽게 내버려달라는 등 간병하고 있는 엄마의 속을 태우며 사사건건 화를 내고 시비를 걸었습니다. 그럴 때마다 엄마는 죄인이 된 듯한 모습으로 안절부절못하여 얼굴이 붉어졌고 끝내 눈물을 흘리며 병실 밖으로 나가곤 하였습니다.

조금은 무례한 환자의 행동에 몸이 아파서 그런 줄은 알지만 대학2학년씩이나 되었으면 밤샘하며 간호해주는 엄마가 고맙고 불쌍한 생각이 들지 않느냐고 바른 소리 잘하는 봉사자가 말을 건넸습니다.

그러자 딸은 원망에 찬 목소리로 말했습니다.

"아줌마들은 모르면 가만히 계세요. 그리고 그런 말 하려거든 더 이상 오지 마세요. 난 우리 엄마가 먼저 죽었으면 했어요. 매일 엄마가 죽어 없어졌으면 하고 속으로 얼마나 바랬는데요. 난 한 번도 내 마음대로 해본 적이 없었고 언제나 엄마가 시키는 대로 살아왔어요. 난 사람이 아니라 한갓 엄마의 인형이었다구요."

어쩌다 자기가 말을 안 들으면 엄마는 늘 죽어 없어지겠다는 등, 집을 나가 혼자 살겠다는 등 마음에 상처를 주는 이야기밖에 한 적이 없었다고 합니다.

내가 죽으면 엄마를 보지 않을 테니 오히려 좋을 것이라는 듣기에도 놀라운 말을 술술 하였습니다. 지친 모습의 연약한 그녀가 마치 독기를 품은 듯 그런 말을 하기에 섬뜩하여 벌써부터 엄마와 정을 끊으려고 저러나 하는 불길한 생각이 들었습니다. 하지만 의사 선생님과 간호사의 말을 들으면 그리 나쁜 상태로 진전되고 있지는 않다고 하였습니다.

어느 날, 조심스레 간호를 하고 있는 엄마를 불러 딸의 심리 상태를 전해주었습니다. 아무 말 없이 조용히 듣고 있던 환자의 엄마는 눈물을 뚝뚝 흘리면서 다 자기의 잘못이라고, 자신이 지은 죄라며 하염없이 흐느껴 울었습니다. 잠시 후 울음을 삼키며 그녀가 말했습니다.

"제 친정아버지는 경찰이었는데 사고로 일찍 돌아가시게 되었어요. 그때 전 신혼을 갓 벗어난 엄마 뱃속에 있었고, 아버지 얼굴도 모르는 채 유복자로 태어났어요. 그래서 저는 젊은 과부엄마의 인생의 전부였고, 엄마의 극진한 사랑을 받고 자랐답니다. 그리고 어머니가 원하던 대학에 갔지만 대학 재학 중에 어머니의 반대에도 불구하고 지금의 남편을 만나 결혼해서 저 아이를 낳게 되었어요. 결혼해서 저도 딸을 낳고 보니 딸만 믿고 의지하며 살아온 친정어머니의 마음을 뒤늦게 알게 되더라

구요. 딸이 훌륭한 연주자가 되어 모든 사람들에게 각광받는 모습을 보고 싶어 한 어머니의 꿈을 제 딸이 이뤄주길 바라는 마음으로 어릴 적부터 시간표를 짜가며 공부 시간, 노는 시간까지 조절하며 관여를 했어요. 저 아이는 몸이 약한 것이 흠이었지만 언제나 말 잘 듣고 말대꾸 한 번 하지 않고 제 소원대로 학교에서 언제나 일등을 하는 아주 착한 딸이었어요. 딱 한 번 제 말을 거역한 것은 대학 입시를 치르고 나서 '사범대학에 가서 학교 선생님이 되고 싶어요.'라고 말한 것이 처음이었어요. 하지만 저 아이는 제 바람대로 음대에 진학했고 외할머니와 제 소원을 풀어주기 위해 늘 피아노 앞에서 연습을 했어요. 항상 말을 잘 듣는 아이, 한 번도 자기 의지와 주장 없이 엄마가 시키는 대로 잘 자라 준 아이였는데, 마음속으로 제가 죽어 없어지길 바라는 마음이 있을 줄은 몰랐어요."

이젠 공부도 다 소용없고 그냥 건강한 모습의 딸로 돌아와주기만 해도 고맙다고 말하는 그녀의 등 뒤로 짙은 어둠이 밀려왔습니다.

삶의 의무를 끝낸 마침표 하나

젊었을 때는 봄기운에 민감하더니 나이가 들면서 가을에 더 민감해지는 것 같습니다. 여자가 남자를 만나서 사랑하고, 아이들을 낳아 기르고, 늙어간다는 것이 아름답기도 하지만 때로는 슬프게도 느껴집니다.

'여자는 정초 떡국 먹을 때 나이를 먹는 게 아니라 가을에 먹는다.'는 어느 분의 글이 마음에 와 닿습니다. 11월. 인디언들은 '모든 것이 다 사라지지 않은 달'이라고 부른다고 합니다.

한 사람을 묻고 왔습니다.

삶의 의무를 다 끝낸
겸허한 마침표 하나가
네모난 상자에 누워

천천히
땅 밑으로 내려가네.

이승에서 못 다한 이야기
못 다한 사랑
대신 하라 이르며
영원히 눈감은
우리 중 한 사람.

흙을 뿌리며
꽃을 던지며
울음을 삼키는
남은 이들 곁에
바람은 침묵하고
새들은 조용하네.
더 깊이, 더 낮게
홀로 내려가야 하는
고독한 작별인사.

흙빛의 차디찬 침묵 사이로
언뜻 스쳐가는
우리 모두의 죽음.

한평생 기도하며 살았기에

눈물도 성수처럼 맑을 수 있던

노수녀의 마지막 미소가

우리 가슴속에

하얀 구름으로 뜨네.

– 이해인 님의 「하관」 중에서

그녀는 평범한 아내이자 두 아이들의 엄마였습니다.

그녀의 기도는 간절했습니다. "삼 년만 더 살다 가게 해주세요. 일 년, 아니 열 달만이라도. 아니 삼 개월만이라도…."

그녀는 자신의 운명이 다가왔다는 것을 알고 있었는지 집에 돌아가 한 번만이라도 가족들에게 따뜻한 밥을 해주고 싶어 했습니다.

집에는 두 아이와 뇌출혈로 쓰러져 오랜 투병생활을 하고 있는 그녀의 남편이 있었습니다. 남편은 아내의 극진한 간호로 조금씩 나아지는 것 같았으나 재발하여 수족을 못 쓰고 자리에 누운 지 8년이 지났습니다. 병원비로 집을 날리고, 아이들도 그녀의 몫이 되어 항상 어깨가 무거웠습니다. 그래도 남편이 곁에 있고, 아이들도 잘 자라주니 그것만으로도 행복하였습니다. 그러던 어느 날, 소화가 안 되고 각혈까지 해서 진찰을 받았는데, 위암이었다고 합니다.

그런 그녀를 만나고 돌아오는 날 온종일 우울했습니다. 그녀가 처음에는 마음을 열지 않고 자기는 천벌을 받아서 그렇다며 늘 자신을 학대하였습니다. 남편 수발을 하며 열심히 살아온 당신에게 누가 벌을 내리겠냐고 다독여도 흐느껴 울기만 할 뿐 저는 할 말을 잊고 그냥 그녀 곁에 서 있다가 돌아오곤 했습니다.

병이 깊어가는 어느 날, 그녀는 사랑은 서서히 오는 줄 알았지 그렇게 풍덩 물에 빠지듯 순식간에 올 줄은 몰랐다고 했습니다.

낮에는 슈퍼에서 일을 했는데, 자신의 처지를 이해해주고 친절하게 대해주는 사람에게 잠시 마음을 주어, 남편을 위해 옷을 사 입은 게 아니라 그 사람을 위해 옷을 사 입었고, 가끔은 밥상을 차려놓고 나오기도 했다고 합니다. 그래서 그 벌로 이렇게 된 것 같다고….

저는 할 말을 잃고 말없음표를 수도 없이 찍었습니다. 결국 궁색한 변명으로 하느님이 벌을 주시는 분은 아니며, 아마 그 분도 함께 마음 아파하실 거라고 말했습니다. '어떻게 그럴 수가?'가 아닌 '그동안 마음고생이 얼마나 심했을까?'하는 연민이 들었습니다.

집에 가고 싶어 하는 그녀의 간절한 바람대로 그녀는 집에 돌아왔습니다. 집에 들어서자 그녀는 멋쩍게 웃으며 남편의 곁에 누었습니다. 그리고 남편의 손을 잡고 물었습니다.

"여보, 나 용서해줄 수 있어요?"

남편은 용서받을 일이 무엇이냐며 오히려 못난 자신을 용서해달라고 힘없는 손으로 그녀의 손을 잡아주었습니다. 그녀는 남편에게 보여주고 싶어서 건강할 때 샀다는 꽃무늬가 그려진 옷으로 갈아입었습니다.

약해진 기력으로는 손수 장을 볼 수 없어 봉사자들이 준비해 간 음식으로 밥상을 맞이한 가족들은 서로의 얼굴을 바라보기만 하고 수저를 잡지 못하였습니다. "이시 먹자"고 말하는 남편의 목소리는 슬픔에 젖어 떨고 있었습니다.

그녀의 눈에는 이내 눈물이 가득 고이고, 검은 눈망울에 담긴 가족의 얼굴이 하염없이 흔들렸습니다.

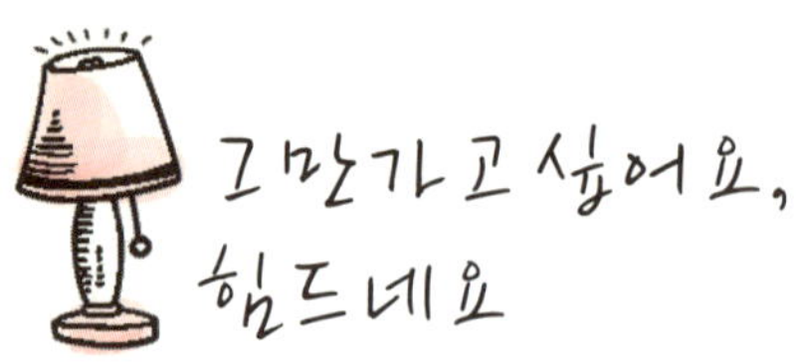

그만 가고 싶어요, 힘드네요

서른세 살에 두 딸을 둔 가장이기도 했던 환자는 시간이 지나면서 병원생활에 안정을 찾아가고 있었습니다. 처음에 이 환자를 보았을 때는 아무 말도 할 수 없는 망연자실이란 표현이 이럴 때 맞지 않을까 하는 생각이 들었습니다.

첫인상이 너무나 맑고 깨끗한 눈과 얼굴을 가진 사람이었습니다. 두 아이의 아빠라고 생각하기에는 너무나 동안이어서 마치 스물을 조금 넘긴 막내 동생을 보는 듯했습니다. 이젠 저 역시 별로 나이를 밝히고 싶지 않은 나이가 되었지만, 이럴 때는 나이가 들었다는 게 나름대로 위안이 되고 무기가 되어줄 줄은 몰랐습니다.

함께 슬퍼하면 환자가 더 아파할까 봐 때로는 환자의 엄마처럼, 때로는 누이처럼 가족이 되어 행동하고 말하였습니다.

환자에게 내 막내 동생보다도 더 어리다고 하자 소리 없이 웃는 웃음에 마음의 문을 열어준 것 같아 저에게도 웃음이 전염되어 왔습니다.

"왜 이렇게 되었어요?"라는 물음에 그저 웃음으로 대답을 대신합니다.

그는 목뼈 5번을 다쳐 얼굴 아랫부분은 기능을 잃은 전신마비 환자였습니다. 회사에서 야간 근무를 하다 동료들과 야식을 먹으며 술 몇 잔 마시고 다시 회사로 들어가려고 하니 정문이 잠겨있어서 급한 마음에 경비 아저씨를 부를 겨를도 없이 일행은 약속이나 한 듯이 담을 넘기로 하고 한 명씩 담에 올라탔다고 합니다. 눈에 익은데다가 2미터나 될까 말까한 대문이 술기운에 더 낮아 보여 문제없을 것 같았다고 합니다.

"눈을 떠보니 응급실이더군요."

다른 친구들은 평소대로 '어련히 잘 넘어서 올까?'하고 뒤도 안 돌아보고 사무실로 들어간 터라 뒤늦게 발견되어 119구급차에 실려 개인병원으로 옮겨진 뒤 머리만 엑스레이를 찍고 의식이 돌아와 퇴원을 했다고 합니다. 그런데 통증이 심해서 큰 병원에 가보려고 했을 때는 의료파업사태 중이었고, 한참이 지난 후에야 검사를 해보니 목뼈 5번을 다친 상태였다고 합니다.

"어유! 깨어났을 때 되게 신경질 나고 화가 났겠어요?"

"살았구나! 하는 생각이 들고 나서는 잠을 이룰 수가 없었어

요. 억울하기도 하고, 자꾸만 다치기 전의 상황으로 나를 끌고 가 그때 내가 술 한 잔만 덜 마셨더라면, 그 친구가 밥만 먹고 술 먹자고 하지 않았더라면, 내가 쓰러진 후 병원에서 제대로 진찰만 받았더라면, 개인병원이 아니라 종합병원에 직접 갔더라면 이 지경까지는 안 되었을 텐데 하는 생각 때문에 잠도 이룰 수 없고, 늘 원망의 시간이었어요. 지금도 필름을 되돌리듯이 다시 그때의 상황에 빠져듭니다. 그런데 이젠 지나간 시간보다 다가올 시간에 대해서 생각하는 게 더 좋을 거라고 많은 분들이 이야기해주셔서 혼자 마음을 많이 달랩니다. 이젠 좋은 일 생겨도 호들갑떨지 않고, 나쁜 일 생겨도 슬퍼하지 않는 그런 마음도 가질 수 있게 되었습니다. 지나간 시절보다 더 좋을 수도 지금보다 더 나쁠 수도 없으니, 지금 이렇게나마 말할 수 있고, 볼 수 있는 것만으로도 감사하며 살아갈 수 있을 것 같아요."

맑고 순수한 모습으로 다시 돌아온 사람! 덕분에 짓궂은 농담도 할 수 있어 요즘 유행한다는 삼행시도 들려주곤 했습니다. 언제나 밝은 그의 모습은 봉사하러 가는 우리에게 희망이고, 절망에서 보는 한 줄기 빛이었습니다.

비가 오는 어느 날, 환자들도 우울할지 모르겠다 싶어 빨간 스웨터를 입고 여느 때처럼 그 환자의 병실을 방문하였습니다.

"아이고! 날씨 탓인가. 왜들 이러시나?"

제가 유난히 호들갑을 떨어보았지만 그는 말이 없었습니다. 그의 눈에는 눈물이 흐르고 있었습니다. 그는 시선을 피해 벽을 쳐다보고 있었습니다. 한참 후에야 그가 말했습니다.

"정말이지 이젠 연극을 하기가 싫어졌어요. 저 그만 가고 싶어요. 죽었으면 좋겠어요. 이젠 힘들어요. 이렇게 살고 싶지 않습니다!"

저는 그에게 아무 말도 할 수 없었습니다.

혼자 외로우니 이틀만 더 있다와

언젠가 병실에 찾아갔더니 환자는 보호자가 자는 간이침대에 누워 있었고 누이동생처럼 보이는 그의 아내는 환자 침대에 누워 새근새근 잠이 들어 있었습니다.

자기도 한번 바닥이 아닌 환자 침대에서 자보고 싶다고 해서 자릴 바꿔 주었다며, 깡말라 움푹 들어간 눈, 누렇게 뜬 피부색의 환자가 멋쩍은 표정으로 힘없이 웃었습니다. 혹시 아내가 깰까봐 조용히 하라는 표정으로 입술에 검지를 일자로 세운 채 말입니다. 조금이라도 기운이 남아 있는 환자의 그런 모습에 웃음으로 인사를 하고 다음에 또 들르겠다고 하고 병실을 나왔습니다.

잠을 자고 있는 그녀는 여느 환자의 보호자와는 달리 언제나 생글생글 웃으며 도서봉사자들이 끄는 수레에서 순정만화나 진한 애정소설 같은 재미있는 책 없냐고 조르는, 아직 철이 들지 않은 막내 동생 같은 그런 여자입니다.

그녀가 우릴 언니라고 부르게 된 것은 남편이 입원한 직후의 첫 만남부터였습니다. 그녀가 여고 졸업한 후 첫 출근한 직장의 상사였던 남편이 그녀가 너무 귀여워 스물둘이 되던 해에 다른 사람한테 빼앗길까봐 서둘러 결혼을 하였답니다. 그녀는 이제 한 사람의 아내가 되었는데도 남편을 오빠라고 부르고 언제나 여학생처럼 단발머리 스타일을 하고 있었습니다.

늘 누구와 말을 하고 싶어 하고 아픈 남편에게 어서 빨리 나아 함께 영화도 보러 가고 바닷가도 가자고 조르는 그런 여자였습니다. 그러나 그런 그녀의 바람도 헛되이 모두가 걱정이 될 정도로 남편의 병은 자꾸만 깊어갔습니다.

어린 나이지만 옆 환자의 경험 많은 보호자한테 배워 남편의 아프고 불편한 곳을 찾아 조금이라도 통증을 잊게 해주고 싶다며 지극 정성으로 간호하는 그녀가 기특하다는 생각이 들곤 했습니다.

그런데 어느 날은 그리도 다정한 부부 사이에 찬바람이 부는 것 같아 애정싸움을 했냐고 물었더니 둘 다 묵묵부답이었습니다. 찬바람이 부는 둘의 분위기가 전과 달라 살짝 그녀를 불러 휴게실에 가서 시원한 음료수 하나씩 마시자고 권했습니다.

아무 말 없이 따라온 그녀가 의자에 앉자마자 갑자기 그 큰 눈에서 눈물을 뚝뚝 흘리더니 나중엔 어깨를 들먹이며 소리 내어 울기에 실컷 울면 마음이 풀어질까 싶어 그냥 놔두었습니다. 한참 시간이 흐른 뒤에야 울음을 그치고 마음을 진정시킨 그녀가 묻지도 않은 말을 꺼냈습니다. 앞 병실에 아버지 같은 분이 계신데 아픈 아내가 오랫동안 투병으로 짜증이 늘어 화를 내도 다 받아주는 모습을 곁에서 보니 동병상련으로 그분의 신세가 자기와 같다는 생각이 들어서 아픈 아줌마보다 때론 그 아저씨가 더 불쌍하다는 생각이 들었다고 합니다.

"봄이 왔다는데…."

봄이 와서 환한 햇살과 부드러운 바람이 분다는데 어제는 너무도 병원이 답답하다는 생각이 들어, 바깥바람 딱 한번만 쐬고 들어오고 싶어서 앞 병실의 아저씨를 졸라 병원 근처 공원으로 30분 동안 바람도 쐬고 꽃구경을 하고 돌아왔다는 것이었습니다. 그런데 모처럼 잠깐 자리를 비웠는데 그 사이에 남편의 호흡 곤란으로 병실에 비상이 걸렸던 것입니다.

그녀가 잠시 머뭇거리다 시댁 이야길 꺼냈습니다.

시댁에서 핑계거리가 없었는데 아마 이런 것을 알면 더 신날 거라면서 시댁에 대한 그 동안의 섭섭한 이야기를 천천히 또박또박 말하였습니다.

남편의 병세가 호전되지 못하자 시댁에선 나쁜 일을 당하면 나이 젊은 며느리가 혼자 살지는 않을 것이라고 단정지었다고 합니다. 며느리의 가난한 친정도 들먹이고, 젊은 나이에 혼자 살 것은 만무하니 그러면 아들의 재산이 다 남모르는 사람한테 넘어갈 것이니 아픈 아들 모르게 며느리와 이혼을 시키려고 이 트집 저 트집 잡아 시댁에서는 이혼구실을 찾으려고 안달이 났다고 합니다.

언제나 미주알고주알 남편과 모든 일을 상의했는데 이런 사실을 병을 앓고 있는 남편한테는 말도 못하고 혼자 알고 있자니 화가 나는데, 남편은 아무 것도 모르면서 잠깐 바람을 쐬러 갔다 온 자기한테 화만 내니 마음이 아팠다고 합니다.

짧은 결혼생활이었지만 그동안의 일로도 백 년을 산 부부처럼 너무나 행복했고, 그렇게 해준 남편을 너무나 사랑하고 지금 심정으로는 아무리 남편이 떠난다 해도 재혼은커녕 다른 사람은 생각할 수도 한 적도 없다고 하였습니다. 평생 그의 아내로 남아있고 싶고 집도 돈도 다 필요 없다고 해도 시댁에서는 믿어주지 않고 자꾸 이혼을 시키려고 해서 어른들이 너무 밉다고 했습니다.

이런 예쁜 생각을 하고 있는 그녀에게 용기를 갖고 끝까지 포기하지 말고 열심히 살자고 하는 나의 말이 그녀에게 용기와 힘이 되어줄 수 있는지, 내가 한 말이 무척이나 초라하고 빈곤한 단어라는 생각이 들었습니다.

그녀가 눈가의 눈물을 훔치면서 갑자기 물어왔습니다.

"언니는 사람 죽는 것 봤어요?"

"응. 보았지. 엄마 돌아가시는 것도 보고, 아파서 우리와 마지막 인사를 하고 가신 분도 보고."

"그런데 어떻게 죽어요?"

"잠자는 것 같지 뭐. 몸이 차가워지고 숨을 몰아쉬기도 해. 많이 아픈 사람에게는 잠시도 한눈을 팔지 말고 늘 관심 있게 곁에 붙어 있는 게 좋아. 마지막 임종을 못 볼 수도 있거든."

"그런데 언니, 난 무서울 것 같아. 어떻게 사람이 죽는 걸 봐? 그것도 소중했던 사람의 죽어가는 모습은 정말 난 못 볼 것 같아! 난 그 사람이 죽어간다면 도망치고 말 것 같아…."

사람 살고 죽는 것은 아무것도 아닐지도 모른다고 했지만 마음 여린 그녀가 몹시 떨고 있어 손을 힘껏 잡아 주었습니다. 그래도 계속 투정처럼 입 속에 말을 담아 중얼중얼 거리는 말은 자기는 무섭다며 혼자 있지 않게 자주 와달라고 하였습니다. 그녀가 외롭지 않게, 무섭지 않게 자주 방문을 했지만 그녀의 남편이 중환자실과 일반병실을 오가며 몹시 힘들어 할 때 그녀 역시 많이 힘들어 하였습니다.

5월 어느 금요일. 때 이른 장맛비가 쏟아지고 있었습니다. 병원에 가는 날이 되어 서둘러 집을 나서 원목실에 도착하니 왠지 분위기가 다른 날 같지 않고 서로 눈인사만 할 뿐 봉사자들이 말없이 각자의 일에만 몰두하고 있었습니다.

어색한 분위기에 굿모닝을 "모두 굶었니?"하며 인사를 했지만 웃는 사람 하나도 없었고 멋쩍어하는 나에게 원목실에서 일하는 친구가 조용히 말을 전해 주었습니다.

"지금 우리 농담 못해! 어제 본관 병실에서 창밖으로 여자가 뛰어내렸어."

"506호 보호자 말야. 자기도 알고 있잖아. 자기가 늘 칭찬하던 예쁘고 나이 어린 보호자."

"눈만 뜨면 남편이 아내를 찾는 것 같던데 이를 어쩌지…."

언젠가 아픈 남편의 얼굴을 쓰다듬으면서 "자기가 나보다 한 이틀만 더 살다 와라. 난 자기 죽는 모습 못 본단 말야! 그리고 죽은 시신을 보는 건 너무 무서워. 그러니 내가 간 다음엔 혼자 외로우니 한 이틀만 더 있다 와라!"하고 남편의 머리를 쓸어 올려주던 그녀의 모습이 클로즈업되어왔습니다.

나의 길은 이 세상에 둘밖에 없습니다.
하나는 님의 품에 안기는 길입니다.
그렇지 아니하면 죽음의 품에 안기는 길입니다.
그것은 만일 님의 품에 안기지 못하면
다른 길은 죽음의 길 보다 험하고
외로운 까닭입니다.

– 한용운 님의 「나의 길」 중에서

미안합니다,
사랑합니다

할머니에게 그렇게 잘 생기고 멋있는 아들이 있는 줄은 아무도 몰랐습니다. 그리고 그가 큰 외제차에서 내렸다는 것은 병실 청소아줌마를 통해 나중에 들은 사실이었습니다.

언제나 가족에 대한 이야길 꺼려하고 찾아오는 사람도 없어 외로운 분 인줄 알았던 우리는 할머니 아들의 등장으로 우리가 생각했던 아주 외로운 분은 아니라는 사실을 알게 되었습니다.

6인용 병실이기에 본의 아니게 모자의 상봉을 엿볼 수가 있었습니다. 할머니는 반가운 마음으로 얼굴 주름살이 펴지듯이 환한 얼굴이 되어 손자들의 안부를 먼저 물었습니다.

"그놈들 건강하고 공부는 잘하지? 남들은 나이가 들면 내가 잘한 일과 남이 나에게 섭섭하게 한 일만 기억에 남는다고 하지만 이 엄마는 그렇게 생각하지 않으니까 걱정 말어."

보조 의자에 앉은 아들은 아무 말 없이 고개를 숙이고 어머니의 말을 듣고 있었습니다.

"애미가 직장에 다니랴 아이들 키우랴 얼마나 힘이 들겠니. 애미 잘못은 없단다. 하지만 너무 어릴 때부터 경쟁을 가르치지 말았으면 좋으련만. 그리고 내가 좀 더 배웠어야 애미가 원하는 대로 그놈들을 잘 키웠을 텐데 미안하구나."

전보다 많이 쇠약해져 잠자다 가끔 헛소리도 하는 할머니는 모처럼 찾아온 아들에게 이 기회가 아니면 못 할 것 같은 생각에서인지 마음에 있는 말을 꺼내 놓았습니다. 그리고 할머니는 낡은 색동지갑에서 조잡한 유리구슬로 만든 목걸이를 꺼내 목에 걸었습니다.

"네가 초등학교 4학년 때 봄 소풍가던 날, 다른 아이들은 한석봉 어머니가 썬 떡처럼 고르게 김밥을 썰어 왔는데 자기는 둘둘 말아 만들어간 김밥이 창피하다고 먹지 않고 온 너는 화가 나 있었을 법도한데 환하게 웃으면서 집으로 돌아왔단다. 그때 부엌에서 일하던 내 손을 붙잡고 보채며 방으로 들어가자고 하더니 소풍 가방에서 신문지에 싼 이 유리구슬 목걸이를 꺼냈지.

"엄마 이제 우리 부자가 되었어요. 어떤 바보 같은 아저씨가 값을 모르는지 보석을 싸게 팔잖아요. 그래서 누가 살까봐 내가 엄마 주려고 얼른 샀어요. 어서 목에 걸어보세요."

그 날 다른 아이들은 다 사먹었을 아이스크림도 사먹지 않고 엄마 생각을 하며 보석인 줄 알고 온통 기쁨으로 샀을 너의 마음을 생각하면 평생 그 어떤 보석과도 바꿀 수 없어서, 이제까지 네 마음과 함께 소중하게 간직하며 살아왔단다."

이제 엄마 걱정은 하지 말고 행복하게 잘 살라는 어머니의 말을 고개를 숙이고 조용히 듣고 있던 아들의 두 눈에서 눈물이 흘러내리고 있었습니다.

누군가는 그때 아들이 "엄마, 미안해!"라는 소리를 했던 것 같다고는 했지만 우리들 아무도 확인하지는 않았습니다.

남편의 아내를 구합니다

어느 젊은 시인이 쓴 시의 한 구절이 생각납니다.

이건 비밀인데 내가 눈치가 좀 없거든. 그러니까
나 몰래 바람 피워도 딱 한번은 용서해줄 테니
아주 멋진 남자 만나 보렴.
하지만 절대로 나 보다 못난 사람일 경우
용서할 수 없으니 알아서 해
아마도 그런 사람 만나기 쉽지 않을 걸!

자기 아닌 다른 사람을 만나도 용서해줄 수 있다? 대신 자기보다 나은 사람을 만난다면이라는 단서가 있더군요. 용서해줄 수 있다는 것은 아마 사랑하는 사람이 잠시 한눈을 팔더라도 다시 돌아올 것이라는 자신감이 있을 때 하는 말이 아닐까 하는 생각이 듭니다.

그렇지만 살아있는 자는 죽어갈 것을 염려하고, 죽어가는 자는 더 살지 못함을 아쉬워해야 하는 이런 병중의 상황이라면….

우리가 세상을 떠날 때 혼자 남아 있게 되는 배우자에게 무슨 말을 남기고 떠나야 하는지 이웃의 불행을 보며 한참 생각을 해 본적이 있었습니다.

TV저녁 뉴스 끝에 세계의 이모저모를 알리는 프로그램이 있었습니다. 어느 날인가, 여러 나라 소식 중 중국에 사는 한 여인의 이야기를 보여주었습니다. 신문에 광고를 낸 스물여섯 살의 여인은 방광암 3기이고 남편과 두 딸이 있는, 언제 죽을지 모르는 환자였습니다. 광고의 내용은 사랑하는 남편을 위한 내용이었습니다.

남편에게 착한 아내가 되어 줄 분을 구합니다.

그 여인은 남편 모르게 이런 광고를 냈고, TV 화면에 비친 피부가 검고 체격이 왜소한 서른두 살의 젊은 남편은 아내가 광고를 낸 사실을 뒤늦게 찾아온 기자를 통해서 알게 되었습니다. 그런데 자기한테 왜 이런 일이 일어나야 하는지 무척 화가 나는데 어디에다 화풀이를 해야 할지 모르겠다며 절망의 표정을 짓는 장면이 화면의 마지막 부분이었습니다.

한 남자의 아내, 두 딸의 엄마로서 자신이 끝까지 지키며 가꾸어나가야 할 보금자리를 다른 사람에게 부탁하고 떠나려고 하는 여인의 마음을 헤아려 볼 수 있었습니다.

남편에게 새 아내를 구해주고 싶은 마음은 자신의 부재로 생길 모든 빈자리를 채워주고 싶은 심정이겠지만, 아내를 먼저 보내야만 하는 남편은 아무리 마음 착하고 예쁜 새 아내를 얻게 되어도 평생의 응어리가 될 것이라는 생각이 들었습니다.

병원에서 만난 부부의 이야기입니다.

부부 사이가 너무나 돈독하여 사랑의 신이 질투를 할 정도로 애정이 깊은 잉꼬부부였습니다. 그런데 정말 그들 사이를 사랑의 신이 질투한 것인지 아내가 몹쓸 병에 걸렸고, 그녀는 아내의 역할을 해주지 못함을 마음 아파하면서도 남편에게 가끔 이런 부탁을 하였습니다.

"당신은 마음이 약한 남자라 아마 많이 울 것 같아. 그러니까 내가 가게 되어도 당신 너무 슬프다고 남이 보는 앞에서 절대 눈물 보이며 울고 다니지 마. 남자답게 알지? 남자답게 말이야. 그리고 나를 사랑했다면 재혼하지 말고 우리 아이들 보면서 혼자 있다가 만나러 오게 되었으면 좋겠어. 요즘은 세상

좋아져서 남자 혼자서도 충분히 살 수 있을 거야. 예전에나 홀아비는 이가 서 말이라는 속담이 있지, 요즘은 혼자 사는 남자도 충분히 멋있을 수 있잖아? 난 당신이 지난 일들을 생각하며 혼자 살았으면 해. 나도 만약 당신이 먼저 간다면 혼자 살 거라고 다짐하며 살아왔거든. 이승에서 짧게 맺은 인연, 저승에서라도 당신과 오래 맺고 싶어."

이런 말들을 남기고 그녀는 떠났습니다.

홀로 남게 된 남편에게 새 아내를 만들어 주고 가고 싶은 여인과, 사랑하는 남편이 수절하고 살다가 훗날 자신과 만나자고 하는 여인이나 누가 옳고 그르다고 말할 수는 없을 것 같습니다. 각자의 생김이 다르듯이 사랑의 표현방법 또한 다를 것이기 때문입니다.

시간이 흐른 뒤, 아내를 잃고 혼자 남게 된 그 남자가 잘 지내고 있는지 궁금했습니다. 어느 정도의 재력을 갖고 있다고 들었기에 죽은 아내가 바라던 대로 영화 속에 나오는 멋있는 독신남의 모습으로 살고 있지나 않을까 하는 나름대로의 상상을 하며 남자의 집을 방문했습니다.

남자는 아내의 부탁대로 재혼하지 않고 있었으며 아무리 아내가 생각나고 보고 싶어도 아무 곳에서나 울지 않고 잘 살아가고 있다고 했습니다. 하지만 먼저 간 아내가 지금 살아가고

있는 남편의 모습이 지쳐있어 볼품없고 힘들어하는 모습을 안다면 자신이 했던 말이 너무 이기적이었다고 후회하지 않을까 하는 생각이 들었습니다.

죽은 아내가 원하는 것은 남편이 혼자되었지만 그래도 멋있게 살아가는 것이었는데…. 불기 하나 없는 그의 냉방의 윗목에는 냄비 속에 먹다 남긴 것인지 국물 하나 없이 불어터진 라면과 물기 없는 허연 김치가 마른 채 조그만 상에 버티고 있었고, 냉장고에는 유효기간이 훨씬 지난 인스턴트식품이 곰팡이 핀 채 들어 있었습니다.

돈만 있으면 기계들이 알아서 시간 맞추어 밥이며 빨래를 해주는 세상이라 아내가 없어도 홀로된 남자들이 살기에 편한 세상이라 합니다. 하지만 아내의 따뜻한 말, 환한 웃음, 또 늦게 귀가하지 말고 건강 생각해서 술, 담배 많이 마시지도 피우지도 말라고 하는 그 지겹고 귀찮게 들리기도 했던 애정 어린 바가지소리로 아내를 대신해 줄 수 있는 것은 세상에 없었던 것입니다.

이런 기억을 떠올리며 곁에 있는 제 남편에게 조심스레 물어보았습니다.

"만약에, 만약에 말이에요. 당신이 먼저 가게 되면 내가 어떻게 살아갔으면 좋겠어요?"

남편은 생각할 시간도 필요 없는지 선뜻 대답하였습니다.

"나도 솔직히 당신이 재혼하지 말고 혼자 살았으면 좋겠지 뭐!"

이런 말을 하는 남편보다 반대로 제가 먼저 간다면 무슨 말을 남기고 가야 할까요?

2장

고맙습니다

그로 인해 따스함을 느끼고
그가 사라진 뒤에도 온기가 남아있다면
멀리 떨어져 있어도 떨어져 있는 것이 아니라고 느껴진다면
당신은 이미 사랑 그 자체인 것입니다.

주고 또 주는 엄마의 사랑

아픈 환자의 모습치고는 너무나 우아해 보여 곁에 가면 왠지 주눅 들게 되는 중년의 여자 환자가 있었습니다.

늘 조용하고 조심스럽게 이야기하고, 여자임을 잊지 않으려고 하는지 머리카락이 빠져서 두른 스카프도 항상 색도 곱고 정갈했습니다. '저분은 아파도 행복한 환자일거야'라는 생각이 들 정도였습니다.

속마음을 보여주지 않는 그분은 늘 적당히 이야기하고 이내 침묵하였습니다. 하지만 몇 번의 항암치료로 입원과 퇴원을 번갈아하면서 그래도 정이 들었는지 조금씩 마음의 문을 열었습니다.

그녀는 아들 둘을 두고 일찍이 남편과 이혼을 한 여인이었습니다. 혼자서 아이들을 키우며 사는 터라 남들이 손가락질할까봐 늘 아이들에게나 자신에게 도리를 지키며 살기로 마음먹고 최선을 다해 살아왔다고 하였습니다.

병실에는 보호자도 없이 늘 혼자 누워 있어 외로워 보였는데, 저녁이면 아들이 퇴근하여 온다고 하였습니다. 우리들은 낮에만 뵈니 당연히 그런 줄 알고 있었습니다.

어느 날인가 그 분의 병실에 들렀더니 우리를 보고 뭐하는 사람이냐며 아주 탐탁지 않게 말을 하는 남자 둘이 있었는데, 나중에 알고 보니 그 환자의 아들들이었습니다. 그들은 어제 엄마가 밤새 소변을 보겠다고 하는 바람에 한숨도 못 잤으니 그냥 돌아가라며 손을 내저었습니다. 그리고 아픈 사람 붙잡고 말시키고 귀찮게 하지 말고 다른 데로 가보라고 하는 터에 그냥 눈치만 보다가 나왔습니다.

병이 깊어질수록 환자도 무척 쓸쓸해하는 모습이었습니다. 하루는 환한 웃음으로 우리를 반갑게 맞아주며 생각지도 않았던 유산을 뒤늦게 받아 자신의 병원비를 낼 수 있게 되었고, 아들들에게도 줄 수 있게 되었다며 기뻐하였습니다. 가장 없이 혼자 살림을 꾸려온 터라 만만치 않을 병원비가 걱정되었나 봅니다. 잘 해결되어서 축하드린다고 말씀드리고 있는데, 아들이 마침 들어왔습니다. 환자가 당황해하는 것 같아 서둘러 인사를 하고 나오는데, 아들이 잠시 자리를 비우자 가려고 하는 우리들을 부르더니 울음 섞인 목소리로 말했습니다.

"봉사자님들! 우리 애들이 나쁜 녀석들은 아닙니다. 착한 아이들인데 내가 요즘 잠을 자지 못해 귀찮게 했더니 피곤한가 봐요. 참 착하고 효자들이랍니다. 이해해주세요."

"별 말씀을 다하세요. 이해하고말고요. 그리고 섭섭할 게 뭐가 있겠어요."라고 위로하며 뒤돌아오는 길에 소리 없이 눈물이 흘렀습니다.

나도 아이들을 키우는 엄마인데…. 아들 생각이 났습니다. 아침에 학교에 가면서 "엄마는 내가 해달라는 대로 해주지도 않으면서…. 엄마도 나중에 늙으면 봐. 나도 엄마 말 안 들어줄 거니까."라고 말하던….

그래서 특히 엄마에게는 잔잔한 정이 많은 딸이 있어야 한다고 하나 봅니다. 사나이 깊은 정을 어이 알리요. 아이들에겐 아낌없이 주어야만 하는 내리사랑이어야 한다는 것을 말입니다. 왕거미는 알에서 깨어나면 모체를 빨아먹고 자양분을 얻는다는데 주어도주어도 주고 싶은 게 부모의 사랑인가 봅니다.

아픈 몸을 끌고 침대에서 내려와 자고 있는 아들이 깬다고 이불도 덮어주고, 병실 텔레비전 소리도 줄입니다. 아들이 깰까봐서 어젯밤에는 소변을 너무 참았더니 배가 아프다면서 오늘은 될 수 있으면 물을 먹지 말아야겠다고 하십니다.

참 열심히 참고 잘 참았는데 워낙 약해진 몸을 추스르기가 힘이 들었나 봅니다. 며칠 후 연락을 받고 영안실에 가보니 환자는 조용하고 우아한 예전의 모습으로 영정 사진 속에 계셨습니다.

상주로 서 있는 아들들에게 인사를 하니 영안실인데, 엄마가 돌아가신 자리인데 늘 우리에게 짜증을 냈던 아들들이 우리를 향해 환히 웃는 모습이 마치 '이제야 다 끝났습니다.'라는 표정 같아서 순간 소름이 쫙악 끼쳤습니다.

그런데도 사진 속의 엄마는 '우리 애들은 그렇게 나쁜 애들이 아닙니다. 나 때문에 힘이 들어서 그랬어요.'하고 변명해 주고 계신 것 같았습니다. 끝까지 앉아서 돌아가신 분을 위해 연도를 바칠 수 있었던 것은 마음속에 맴도는 엄마 목소리가 있었기 때문입니다.

한번 외로워 보십시오

몇 년을 투병하며 고생했던 아내가 갔습니다.

전 아내가 간 날 조문객의 눈치를 보며 구석에서 너무나 맛있는 육개장에 밥을 말아 뚝딱 마파람에 게 눈 감추듯 모처럼 포식을 했습니다.

한심한 놈이라고요? 아내가 죽었는데 밥이 입에 들어가느냐고요? 사람이 그래지더군요.

학창시절 읽었던 카뮈의 『이방인』에서 주인공인 뫼르소의 '어머니가 죽었다. 눈물을 흘리지도 않았다. 사랑하지 않는 것은 아니다…. 그리고 연인인 마리를 만나 관계를 맺었다.'라는 글이 생각납니다.

아내가 죽었는데 배부른 포만감을 감추려고 하는 사람인 저도 인간이 아니라고요? 영안실은 아내가 죽었다는 사실을 빼고는 정말 잔칫집이었습니다. 형수와 제수들이 와서 잔칫상처럼 차려 놓은 밥상에 본능적으로 식욕이 생겼습니다. 정말 아내가 앓아누운 후 처음으로 벅적거림 속에 사람의 정성이 깃든 국 한 그릇 먹어보았습니다. 따뜻한 밥을 먹어본지 3년이 훨씬 넘었습니다.

동병상련으로 아픈 환자를 둔 보호자와 한 병실에서 오래 함께 생활하다보면 병실에 있는 환자와 가족이 모두 한 가족이고 이웃사촌이 됩니다. 음식을 가져와 권하기도 하지만 하루 종일 항암제 치료로 토하고 속 아파하는 아내 곁에서 혼자만 맛있게 먹는다는 것은 정말 양심에 찔리는 일이라 그때만은 사양을 합니다.

그런데 어느 날인가 목욕탕에 가서 몸무게를 달아보니 7킬로그램이나 빠졌더군요. 한때는 벨트 구멍 한 개가 늘면 1년씩 수명이 단축된다고 먹는 양을 줄이고 운동을 하며, 먹는 것뿐만 아니라 삶 자체가 푸짐한 때가 있었습니다. 그러나 아내의 투병생활과 함께 육체와 정신이 힘든 삶이 되어버렸습니다.

죽은 아내의 영정 멀리서 눈치 보며 육개장 한 그릇 뚝딱 먹어치운 내 행동이 남의 말하기 좋아하는 사람들의 반찬이 되고 안주가 되었을 겁니다.

아내 죽은 지 3개월밖에 되지 않았습니다. 무덤에 흙이 마르기도 전에 새장가를 간다고 하니 또 얼마나 화제가 되겠습니까? 떠난 아내를 기억하는 사람들이–더욱이 아내를 남달리 사랑했던 사람일수록–나의 재혼 소식에 "결국 죽은 사람만 불쌍해! 산 사람은 어떻게든 살아간다니까!"하며 마치 먼발치에서 들으라는 듯이 큰 소리로 말을 합니다.

우리들 중에는 선(善)을 행하는 데에도 소극적이고 악(惡)을 행하는 데에도 소극적인 사람이 있습니다. 우리가 악을 저지르지 않는 까닭은 죄에 대한 혐오나 공포가 있어서가 아니라 세상 사람들에 대한 체면이 두렵고, 남들의 비난을 받기 싫기 때문일 것입니다. 하지만 그들은 뜨겁지도 않고 차갑지도 않으며 다만 미지근한 인간에 지나지 않습니다.

우리는 죄다운 죄를 범하지 못할지도 모릅니다. 하지만 동시에 우리는 선한 일에 대해서도 겁이 많아서 무기력한 사람이 얼마나 많습니까?

남자는 아내가 죽으면 화장실에 가서 웃는다고요? 아내 건강할 때 웃자고 하는 이야기지 본인들이 한번 당해보고 한번 깊이 외로워보십시오. 앞이 안 보이는 검은 장막 속에서 한 줄기 내리쬐는 빛도 없이 한번 외로워보십시오. 남자는 태어날 때와 부모님 돌아가셨을 때나 우는 것이라 하지만 남자라는 허울 속에서도 인간이기에 함량미달은 있는 법입니다. 누군들 남자답고 싶지 않은 남자 있으면 한번 나와 보라고 하십시오.

예수님은 배반하고 돌아서 우는 유다를 봅니다. 그도 그러고 싶지는 않았겠지만 그가 세상에 태어나 해야 할 역할은 예수님을 배반하는 일이었던 것 같습니다.

누가 맡았어도 맡아야 할 역할.

저도 그 수많은 행복한 남자들 중에 예외가 되어 아내를 일찍 잃고 방황하는 역할을 맡은 거라 생각합니다. 누가 맡았어도 맡았어야 했던 일. 단지 여러 이유로 제가 그 역할을 맡는 배우였나 봅니다. 언제나 부족함이 있어도 열심히 사는 것이 인생의 무대에서 좋은 연기라 생각합니다. 언제 땡! 하고 종을 칠지 모르는 우리네의 삶이기 때문입니다. 저도 연습 없이 진행되는 나의 삶을 최선을 다해 열심히 살아갈 뿐입니다.

저의 재혼소식에 하늘나라에 먼저 간 아내도 그리 섭섭하게 생각하지 않으리라 봅니다. 우린 이승에서 너무나 사랑하는 사이였거든요. 사랑의 신이 질투하여 아내를 먼저 데리고 갈 정도로 말입니다.

아내가 죽었어도 밥 잘 먹고 외로움이 무서워 여자를 생각하는 저에게 돌을 던지십시오.

사람이 꽃보다 아름다운 이유는

가끔 아침에 바쁘게 나가는 저를 보고 길에서 만나는 이웃들은 어디를 그리 바쁘게 가느냐고 묻곤 합니다. 그럴 때면 어디 비밀스러운 곳에 가는 것은 아니지만 때로는 말하기가 쑥스럽기도 하고 어색할 때도 있어 그냥 웃음으로 답하고 발걸음을 재촉합니다.

그런데 길을 가다 아는 사람을 만나면 그냥 "안녕하세요?"라고만 물어도 되는데, 나도 모르게 "어디 가세요?"라고 묻게 되는 경우가 있습니다. 그때 상대방이 확실한 대답을 안 해주고 "그냥 저기요"하면 더 궁금해집니다. 그래서 저에게 누가 어디 가냐고 물으면 정확한 대답을 해주는 편인데, 병원에 봉사하러 간다는 말은 좀처럼 하기가 쉽지 않습니다.

봉사란 말은 '남을 위하여 일함'이라고 사전에 씌어 있더군요. 그러나 제가 진정 남을 위한 일을 하고 있는 것인지 의문이 들 때가 많습니다. 그것은 제가 아직도 봉사정신이 투철하지 못하기 때문일 거라고 생각합니다.

병원에 가서 환자들의 고통을 참는 모습과 살고자 하는 강한 의욕을 보면 오히려 부끄러운 생각이 듭니다. 병원에서 삶의 진지함을 배우고 오는데 봉사를 하고 남을 위하는 일을 하고 있다고 어찌 감히 말할 수가 있겠습니까?

언젠가 신부님께서 봉사라고 하면 서로 격이 있는 것 같아서 당신은 '나눔'이란 말을 쓰신다고 하시더군요. 그 말씀을 듣고 저도 나눔이란 말을 더 좋아하게 되었습니다.

환자들이 저에게 깨우침을 줄 때면, 저는 말없이 전해주는 그 의미를 마음속으로 되새김질해 보곤 합니다. 어쩌면 그들이 나 대신 앓고 있는지도 모른다는 생각이 들 때도 있고, 언젠가는 우리가 서로 자리를 바꿔 서로에게 필요한 사람이 될지도 모른다는 생각도 합니다. 만약 제가 눈물을 흘리게 된다면, 그들도 결코 저에게 등을 돌리지 않고 함께 울어줄 사람이라는 걸 그들의 말과 행동으로 느낄 수 있습니다.

'오른손이 한 일을 왼손이 모르게 하여 그 자선을 숨겨두어라'는 성서의 말씀을 머릿속에 새기며 아무도 모르게 일하는 분들도 많은데, 이렇게 글을 쓰고, 남기는 일조차 어쩌면 제 욕심의 시작인지도 모르겠습니다. 오히려 늘 소리 없이 조용히

나눔을 실천하고자 오셔서 묵묵히 맡은 일을 하고 돌아가는 봉사자들이 더 많습니다. 그들에게 주어진 은총 중에는 남의 말을 잘 들어주고, 상대방을 배려하려는 마음이 조금은 더 있지 않나 하는 생각을 해봅니다.

오늘은 몇 주 동안 보이지 않았던 동료의 이야기로 병원 원목실에 웃음꽃이 피었습니다. 성격이 활달하고 행동이 적극적인 봉사자 한 분이 계셨습니다. 시아버님을 마치 친아버지처럼 살갑게 모시고, 행동에도 격의 없이 친아버지, 친딸처럼 다정하게 보였습니다.

동료는 아침 일찍 남편과 아이들이 직장과 학교로 가면 집안을 정리하고, 오후 시간에는 나름대로 보람 있는 자기만의 일을 찾아 병원에 나와 봉사를 하고 있었습니다.

그녀는 점심을 식탁 위에 차려놓고 나오긴 했지만 혼자 드실 아버님이 자꾸만 마음에 걸렸습니다. 집에 돌아가 보면 간혹 차려 놓은 음식이 그대로 있어서 여쭈어 보면 친구를 만나 외식을 하셨다고 하거나 밥맛이 없어서 다른 걸로 요기했다고 하실 때는 마치 죄를 지은 것 같아 얼굴을 들지 못했습니다.

시어머니가 돌아가시고 따로 의지할 곳이 없으니 며느리를 더욱 아껴주고 의지하시는데 잘 챙겨드리지 못해 죄송했지만, 일주일에 한 번쯤은 남을 위한 일을 하는 것도 좋은 일일 거라고 생각했습니다.

그러던 어느 날, 우연히 아버님이 파고다 공원에서 줄을 서서 점심을 드시더라는 이야기를 전해 들었습니다. 동료는 생각 끝에 병원봉사를 접었습니다. 그런 일이 있은 후에 한참이 지나도 봉사활동을 나가야 할 며느리가 집에 있으니 궁금하셨는지 아버님이 물으셨습니다. 며느리가 봉사활동을 그만두었다는 이야기를 듣고는 오래하지 못하고 벌써 싫증을 내면 되냐면서 아이들도 열심히 하는 엄마의 모습을 보고 좋아하고, 또 그게 바로 교육인데 벌써 그만 두었냐며 핀잔을 하셨답니다.

동료는 마음에 담아두었던 파고다 공원에서의 일을 말씀드렸습니다. 아버님은 '누가 그걸 보았나'하시며 껄껄 웃으시더랍니다. 아버님은 며느리가 병원에 봉사하러 가는 모습을 보고, 당신도 아직은 뭔가 할 수 있는 일이 있을 것 같아 예전에 하던 이발 기술이 있어서 이발도구를 챙겨 파고다 공원에 가셨다고 합니다. 친구 같은 분들의 머리를 깎아주며 그들과 함께 식사도 하고 하루를 보내다 오셨다녀 그래도 당신은 행복한 사람이라고 하시더랍니다.

오히려 남의 말에 너무 신경 쓰지 말라며 며느리를 위로해주시고, 병원봉사도 빠지지 말고 가라고 적극적으로 권하셔서 다시 왔다며 환한 웃음을 지었습니다.

"그래서 나 오늘부터 다시 나오게 되었어."

동료의 이야기를 들으며 어디선가 보았던 글이 머릿속에서 춤을 추었습니다.

사람이 꽃보다 아름다워
사람이 희망이야 ….

나의 또 다른 나, 어머니

아침 일찍 남대문 꽃시장에 들렀습니다.

늘 부담 없이 사오던 꽃이 장미라 '어떤 장미가 어울릴까?' 하고 생각하다가 빨간 장미 서른 송이를 샀습니다. 아가씨가 꽃을 포장하면서 "리본에 뭐라고 써 드릴까요?"하고 물었습니다. 잠시 궁리하다가 "축! 탄생이라고 써주세요."하고 웃으며 말했습니다.

꽃을 들고 병원에 가는 길은 어느 때보다 마음이 가볍고, 그 꽃을 전달하는 게 조금은 쑥스러웠지만 다시 시작해보겠다고 말하는 그에게 꽃다발 한아름 안겨주는 게 퇴원인사로 좋을 것 같았습니다.

서른 살 총각인 그를 본 지는 그리 오래되지는 않았습니다. 그날도 예전처럼 병실을 방문하였는데, 환자가 사진첩을 보고 있었습니다. 평소에 사진에 대해 관심이 많은 터라 사진에 대해서 이야기하자 환하게 맞아주었습니다.

보름 정도의 입원기간으로 짧은 시간이었지만 그의 잘생긴 외모와 유머감각에 병실은 늘 웃음꽃이 피는 밝은 분위기였습니다.

한때는 혹독한 사랑의 열병으로 세상을 포기하려던 청년이었습니다. 고등학교 동창이었던 여인과 8년 동안의 오랜 교제 끝에 결혼 날짜를 잡고 그녀와 함께할 생각에 가슴이 부풀어 있었습니다. 누구나 사랑을 하게 되면 그렇지만 온 세상이 자신들을 위해 존재하고 젊다는 이유 하나로 어떤 역경도 이겨낼 수 있을 거라는 생각을 하며 사랑을 키워갔습니다.

'조금씩 집 앞에서 널 들여보내기가 힘겨워지는 나를 어떡해!'라는 유행가 가사처럼 그녀의 집 앞 골목에서 헤어지기가 못내 아쉬워 하루 빨리 결혼을 하고 싶었습니다. 그런데 애인은 결혼을 하면 모델 생활을 하는데 지장이 있을지 모르니 조금만 기다려달라고 약속한 결혼날짜를 미루더니 인연이 안 되려고 했는지 서서히 만남을 회피하더니 결국은 이별을 선언하였습니다.

그녀와의 사랑이 세상의 전부였기에 일이 손에 잡히지 않아 직장도 그만두고 매일 술로 허송세월을 하다가 자신도 모르게 약을 먹고 말았습니다. 눈을 감으면 모든 것을 다 잊을 수 있을 것 같았고 세상에는 그녀뿐이고 다른 누구도 존재하지 않았습니다.

눈에 비치는 환한 빛에 "아, 이제 죽었구나!" 했는데 속이 뒤틀리고 고통스러워 신음소리가 저절로 나오고 한순간 공포가 엄습해 이곳이 지옥인가 하는 생각이 들었는데, 고통과 함께 머리가 쭈뼛 서는 느낌 속에 어렴풋이 흐느끼고 있는 여인이 보였습니다.

그녀가 돌아와 자기를 위해서 울고 있다는 생각에 이름을 부르고 싶었지만 소리를 지를 수가 없었습니다. 마음속으로 수없이 그녀의 이름을 불러보다 눈을 떠보니 희미하게 보이던 여인은 수심과 눈물이 범벅이 된 채 울고 있는 어머니였습니다.

청년은 그 때 비로소 알았습니다. 그동안 세상에는 자기가 사랑하는 여인만 있는 줄 알았습니다. 그러나 가장 절박한 때

울고 있는 또 다른 여인, 어머니를 보고 너무나 큰 불효를 저지른 것 같아 차마 눈을 뜰 수 없었습니다.

러시아의 작가 솔제니친의 〈물의 영상〉이란 시가 떠오릅니다.

물살이 몰아칠 때는 자기를 물에 비춰볼 수 없다.
물살이 흔들리고 있기 때문이다.
하지만 그 물살이 잠잠해지면
그 물에 자신을 비춰볼 수 있다.
젊음이란 누구에게나 휘몰아치는 물살이다.
인생이 가을을 맞으면 그때
우리는 우리 자신을 볼 수 있으리라.
아주 밝게 나 자신도 비춰 볼 수 있으리라.
소용돌이치는 물살이 잠잠해지는 날….

비록 사랑했던 여인은 보내야 했지만 흔들리는 물살의 거친 격랑을 헤치고 자신을 돌아보고, 어머니의 깊은 사랑을 깨닫고 다시 태어난 청년에게 장미 한 다발을 건네주었습니다.

엄마는 네가 그냥 건강하기만을…

가끔 소식이 궁금하고 보고 싶은 환자가 있습니다.

간경화 치료 중에 민간요법으로 치료를 받아보겠다며 서로 헤어짐의 인사도 없이 가버린 이십대의 젊은 남자 환자입니다. 다른 환자와는 달리 그 환자의 곁에는 늘 형법, 상법 등의 법률 서적이 한 보따리 쌓여있었습니다. 아픈 사람이 왜 골치 아프게 이런 책을 보냐고 물었더니 시험이 얼마 남지 않아서 책을 봐야 한다며 웃곤 했습니다. 그렇지만 공부보다 건강이 우선이지 않겠냐고 했더니 그것도 모르는 사람이 있더냐며, 가만히 병실침대에만 누워 있으면 더 답답해지고 뭔가를 해야 고통을 잊게 되는 것 같은 데 자기는 책을 보는 일이 어떤 일보다 마음이 편하다며 빙긋이 웃었습니다.

고3 외아들 대학 문제로 늘 걱정을 하고 있었던 함께 간 봉사자가 병실 창밖만을 쳐다보고 있는 환자의 엄마에게 아들이 일류대학에 다니고 저렇게 아프면서도 학구열에 넘치는 똑똑한 아들을 가졌으니 얼마나 좋으시겠냐고 했더니 봉사자의 나이와 얼핏 비슷해 보이는 환자의 어머니는 "공부가 다 무슨 소용 있겠어요. 공부를 못해도 아프지 말고 그냥 건강했으면 좋겠어요. 이럴 줄 알았으면 좀 더 뛰어놀게 하고 공부 좀 덜하게 하고 잠이나 실컷 재울 걸 그랬어요."하며 이미 나빠진 아들의 건강 때문에 모든 것이 후회된다고 했습니다.

환자는 그래도 우리를 보면 언제나 웃으려고 노력을 하고 "기도해 주세요."하며 기도를 부탁했습니다. 자신은 종교는 가지고 있지 않지만 열심히 착하게 살아온 사람이 천국에 가는 것이 아니겠냐는 반문을 하면서 자신은 별로 후회되는 삶을 살지 않고 학생 신분으로만 열심히 살았으니 천국은 맡아놓은 당상이 아니겠냐며 우리에게 동조를 구했습니다.

또 유머감각도 있어 가끔 삼행시를 짓겠으니 운을 띄어달라며 '나그네'란 삼행시로 병문안 오는 사람들에게 웃음을 선사한 적도 있습니다.

나, 나 그대를 사랑합니다.

그, 그대도 절 사랑합니까?

네, 네 감사합니다, 저를 사랑해주셔서.

그렇게 아프면서도 웃음을 선사하며 재미있는 이야기도 가끔씩 들려주곤 했습니다. 언젠가는 자신의 처지를 모기에 비유하여 이야기를 하였습니다.

해질 무렵이 되어 시아버지 모기가 외출하면서 며느리 모기한테 이렇게 당부를 했습니다.

"애야! 내 저녁밥은 짓지 마라."

며느리는 웬일인가 싶어서 "왜요, 아버님?"하고 물었습니다. 시아버지 모기는 먼 산을 바라보면서 힘없이 대답하였습니다.

"마음씨 좋은 사람을 만나면 잘 얻어먹을 것이고 모진 놈 만나면 맞아 죽을 테니 내 저녁은 짓지 마라."

자기도 모기처럼 살거나 죽거나 둘 중 하나일 거라며 살게 되면 매양 착하기만 한 사람들, 법을 몰라 억울하게 남에게 당하는 사람들을 구해주고 싶고 법이 필요 없는 정의로운 사회를 만들고 싶다는 법대생의 고전 같은 이야길 했습니다.

그러나 돈과 출세만을 찾는 청년들이 하는 말과는 좀 색다르게 들렸습니다. 법이 필요 없는 정의로운 사회를 만들고 싶다는 그의 말이 세상에 물든 저희들이 듣기에는 돈키호테의 말처럼 조금은 황당하게 들려 웃음부터 나왔지만 그러기에는 그의 말은 너무나 진지했습니다. 통증이 없을 때는 하던 공부를 계속하고 그는 스피노자가 한 말을 인용하며 내일 지구가 멸망

해도 오늘 사과나무를 한 그루 심는 마음으로 희망의 나무를 키운다고 했습니다.

여러 환자를 보지만 어린 나이에도 삶이 진지한 이런 환자의 곁에 가면 우리도 진지해지며 봉사를 하러 갔다 배우고 옵니다.

삶은 순간순간의 긴 과정이며 스스로 느끼고 쌓아가는 것이라고 합니다. 또한 살아간다는 것은 소유가 아니라 이루어가는 이룸의 과정이라고도 합니다.

모든 아픈 환자들이 절망하지 않고 마음에 희망이라는 나무 한 그루씩 심으며 살았으면 좋겠습니다. 소식이 없는 그를 생각하며 해마다 사법고시발표 시기가 되면 신문을 뒤적이며 그의 이름을 찾는 것이 습관이 되었습니다.

할머니와 스물셋 청년의 만남

"할머니는 여든다섯까지 살아오는 동안 지겹지 않았어요?"

"지겹긴…, 아침 먹고 저녁 맞은 기분이야! 언제 내가 이 나이가 되었는지 정말 눈 깜박할 순간에 세월이 갔어."

2인실 병실에 여든다섯 되신 할머니와 스물세 살 청년이 입원 중이었습니다. 할머니는 노환과 넘어져서 다친 허리와 다리 때문에 움직이지 못하셨고 청년은 마음을 다친 환자였습니다.

청년은 아버지가 하던 사업이 부도가 나서 집을 나간뒤 생활능력이 없는 어머니와 단둘이 살고 있었습니다. 아버지가 계실 때는 그래도 단란한 가정에서 오순도순 살았는데 아버지의 부재로 닥친 가난 때문에 사람을 피하게 되고 우울증이 시작되었습니다.

학교대신 집에서 지내는 시간이 많아진 청년은 우연한 기회

에 인터넷에서 자살 사이트를 알게 되어, 해서는 안 될 짓을 저질러 혼자 계신 어머니의 마음을 더욱 아프게 만들었습니다.

병의 상태로 여러 명이 함께 있는 병실보다는 주위의 관리가 좀 더 필요한 2인실에 입원을 하게 하였는데, 할머니와 청년은 나이 차이도 있지만 서로 아무 말도 하지 않아 그들이 안고 있는 병처럼 방안 분위기도 무거웠습니다.

어느 날, 잠시 할머니의 보호자가 자리를 비운 사이에 할머니의 물심부름을 시작으로 마음의 교감을 갖게 되어 할머니는 마치 청년을 손자처럼 생각하게 되었고 청년도 할머니를 마치 친할머니 대하듯이 어리광을 부렸습니다.

청년은 할머니로 인해 마음속에 희망의 싹이 조금씩 자라고 있는 듯 날로 건강해졌지만 불행하게도 할머니의 건강은 하루가 다르게 사그라졌습니다.

며칠 후 할머니의 가족들은 가족회의를 하여 할머니를 독실로 옮기기로 했습니다. 병실을 옮기기 전 할머니는 청년을 불러 당신의 베개 밑에 꼭꼭 접어두었던 돈 삼만 원을 건네주었습니다.

"이제 나한테 시간이 얼마 남지 않은 것 같구나! 이 돈이 내가 가지고 있는 전부인데 퇴원하면 맛있는 거 사먹고 엄마 생각하고 열심히 살아, 그게 효도여…."

청년은 울지는 않았지만 얼굴이 붉게 달아올랐습니다.

할머니가 독실로 옮긴 다음 날 청년은 조용히 병원에 있는 성당을 찾아 할머니가 주신 돈에서 이만 원을 꺼내 흰 봉투에 할머니 이름을 적어 조용히 예수님 앞에 갖다 놓고 할머니의 건강을 위해 기도를 드렸습니다.

그리고 남은 돈 만 원으로는 옆 병실에 입원하고 있는 어린 아이들에게 줄 과자를 샀습니다. 과자 봉지를 안고 계단을 오르며 할머니는 85년의 세월이 잠깐 세월이었다고 하셨는데 겨우 23년을 살고 세상을 등지려고 한 자신이 부끄럽게 생각되었습니다.

이제 시간이 얼마 남지 않은 것 같다고 하신 할머니를 뵈러 계단을 두 개, 세 개 성큼성큼 뛰어올라갔습니다.

눈물도 맘껏 흘리지 못하는 아버지의 사랑

'더 늦기 전에, 죽기 전에 꼭 한 번 만나야 할 사람, 만나고 싶은 사람이 누구일까?'하고 한 번쯤 생각해 본적이 있나요? 저는 '만약 내가 떠나야 한다면 나는 마지막으로 누구를 보고 싶어 할까?'하고 생각해 봅니다.

대장암으로 세 번에 걸쳐 수술을 했지만 차도가 없는 마흔여덟 살의 남자 환자가 있었습니다.

아내와 아들 둘에, 딸 하나. 아내는 마지막으로 남편의 병을 기도로 고쳐보겠다고 기도원에 들어갔고 환자는 진통제를 맞지 않으면 참을 수 없는 통증 때문에 아무에게나 화를 냈습니다. 아내가 기도원에 간 것이 섭섭한 것 같았지만 그래도 자신을 위한 일이라며 이내 체념하는 것 같았습니다.

가족에 대해 물으니 딸은 직장에 다니고, 아들 하나는 군대에 갈 예정이며, 막내아들은 집에 들어올 때도 있지만 오히려 안 들어올 때가 더 많다며 말 속에 애증을 담고 있었습니다. 막내아들이 왜 집에 없냐고 물었더니 아주 먼 곳에 가 있다며 힘없이 대답했습니다. 도대체 얼마나 먼 곳에 있기에 아버지가 중병을 앓고 있는데도 오지 못하냐고 물었더니 힘없이 교도소에 있다고 말씀하셨습니다. 그러면서도 "한 번만 보았으면, 꼭 한 번만…." 하면서 말끝을 흐렸습니다.

아들이 고등학교 때 친구를 잘못 사귀어 그렇게 된 것 같다며 나이 오십이 가까워도 아이들한테 부모 노릇을 제대로 못했다고 이내 눈가에 눈물이 고였습니다.

죽음의 고통까지 안고 계신 분에게 딱히 뭐라고 전할 위로의 말이 생각나지 않아 〈수선화가 필 무렵〉이란 영화 속의 한 구절을 말씀드렸습니다.

'우리 영혼은 손에 장갑을 끼듯 육체를 입고 살다가 장갑을 벗듯 육체를 버리고 영혼은 그 분께로 간다.'

이럴 때 정말 따뜻한 감성을 가지고 위로의 말 한마디를 전하지 못하는 제 자신이 안타깝습니다. 그분은 이런 나의 말을 조용히 들으시고는 "다 알고 있습니다. 그렇지만 아들 한 번 보고 가는 게 제 마지막 소원입니다."라고 말씀하셨습니다.

그러던 어느 날, 믿고 있는 종교가 없다고 하던 분이 난생처음 미사에 참석했다며 진심으로 기도를 드려봤다고 하셨습니다. 굳이 무슨 기도를 드렸냐고 묻지 않아도 환자의 마음을 헤아려 볼 수가 있었습니다.

환자분의 외출을 의사선생님께 말씀드리고 상의했더니, 링거 3개를 꽂고 갈 수는 있지만 그것도 어려울 수 있다고 하셨습니다. 링거를 3개씩이나 꽂고 외출을 해야 한다니 막막하기도 했지만 교도소에서 봉사하시는 분에게 말씀드렸더니 교도소 소장님에게 부탁하여 만남을 주선해 주었습니다. 차량은 수소문 끝에 119대원들이 봉사해 주기로 해서 구치소로 향했습니다.

수속을 끝내고 먼저 아들을 만났습니다. 아들은 덩치가 큰 열아홉 살의 건장한 청년이었습니다. 정확한 사연은 모르지만 아들은 절도로 다섯 명이 함께 들어왔는데, 다른 아이들은 합의를 보고 풀려나고 모든 잘못을 이 아이에게로 돌리고 있다고 하였습니다.

먼저 아버지가 중한 병을 앓고 계시며 마지막으로 사랑하는 막내아들을 보고 싶다고 하셔서 모시고 왔으니 아버지의 말씀을 귀담아듣고 마지막 유언이 될지 모르니 가시는 길 편하게 가실 수 있도록 해드리라고 했습니다. 제 말을 듣는 아들의 두 눈에서는 굵은 눈물방울이 흘러내렸습니다. 함께 간 우리 모두 눈시울이 뜨거워졌지만 서둘러 부자의 상봉을 주선했습니다.

아버지와 아들은 한참을 아무 말도 하지 못한 채 손을 잡고 울기만 했습니다. 그러다가 손을 잡고 조용한 어조로 이야기를 나누었고, 마침내 소리 내어 울고 말았습니다.

아버지는 아들을 염려하며 다시 죄를 지으면 사회에서 아주 폐인이 되니 더 이상 죄를 짓지 말라는 것과 재판에서 잘못한 것은 솔직하게 인정하고 죄가 있으면 달게 받고 새로운 각오로 살아야 한다고 말씀하셨습니다.

이내 아들의 발로 시선이 간 아버지는 아들의 반쯤 걸린 신발에 또 눈시울이 뜨거워졌습니다. 발이 워낙 커서 평소에도 큰 신발을 사다 신고는 하였는데, 이곳에는 큰 신발이 없어서 반쯤 걸친 신발을 신고 있는 모습에 마음이 아프신가 봅니다. 그리고 아버지는 아들의 몸을 이곳저곳 살펴보고는 손도 잡아보고, 배도 눌러보고 어디 아픈 곳이 없나 살펴보셨습니다.

아들을 두고 돌아오는 길에 아버지의 지그시 감은 두 눈에는 하염없는 눈물이 흐르고 있었습니다.

장밋빛 젊은 피의 눈물

조용한 적막이 흐릅니다. 찰칵찰칵 시계의 초침소리가 내 영혼을 흔듭니다.

옆 침대 동료는 뒤척이다 천장을 응시하며 생각에 잠겨 있습니다. 핏자국이 점점이 묻어있는 환자복에 줄줄이 매달린 링거 줄. 그와 나는 병색이 짙은 같은 병실에 누워 있습니다.

스물두 살의 피는 향기 짙은 장미꽃 냄새일지도 모른다는데, 우리들의 젊은 피는 너무 뜨거워서인지 벌써 시들어가고 있습니다.

아무 말도 없이 천장을 응시하고 있는 친구에게 침묵의 말을 전합니다.

"넌 나보다 더 오래 오래 살다 와야 해!"

"부모님께 불효만 하고 먼저 가게 될 것 같지만 너는 더 오래 머물다 와!"

가만히 나의 손을 들여다봅니다. 나를 따뜻하게 잡아주었던 많은 인연의 흔적들을 좇아갑니다. 부모님의 따뜻했던 사랑이 전해져옵니다. 그리고 사랑했던 그녀의 아련함이 느껴져 손을 꼭 쥐어봅니다.

사랑, 희망, 미래 이런 단어만 내 앞에 있었습니다. 그런 나의 삶은 비록 평범할지라도 부모님의 아들로, 사랑하는 사람의 남편으로, 아이들의 아빠로 그렇게 살다가 갈 거라고 생각했지 다른 예기치 못한 일은 한 번도 생각해본 적이 없었습니다. 나는 그렇게 살다 갈 것이기에 사는 게 즐거웠고 행복했습니다. 그런데 이제 아무도 나의 죽음을 알지 못합니다.

형이 나를 위해 한 번도 아닌 네 번씩이나 골수이식을 해주었고, 부모님은 당신이 이십 년씩 걸려 장만한 집도 아들 목숨보다 귀하겠냐고 이미 팔아 병원비로 낸지 오래되었습니다.

어머니는 눈감고 있는 나의 얼굴을 씻겨주시고는 "아이고 내 새끼! 내 새끼!"하시며 얼굴을 쓰다듬어주며 이내 흐느끼다 선잠을 청하고 계십니다.

나는 못난 불효자입니다.

고통 속에서도 희망을 잃지 않으려 하지만 이젠 그만 피곤한 몸을 접고 싶을 때도 많습니다. 새가 되어 구름에 실려 바람 따라 저 하늘로 날아가고도 싶습니다. 그렇지만 가족을 떠나

황량한 벌판에 혼자 누워 하늘을 쳐다보긴 정말 싫습니다. 산과 들이, 지나는 바람이, 해와 달이 친구가 되어 준다고 해도 가족의 곁을 떠나긴 정말 싫습니다.

어느 새 창가엔 새날이 밝아오는 여명이 비추고 있습니다. 다시 죽음에서 깨어난 병실은 하루를 시작합니다. 의사 선생님들의 회진을 비롯하여 아침밥이 오고, 간호사의 근무교대로 "잘 가요. 수고해!"라는 인사소리도 들리며 또 다른 아침이 시작됩니다.

병원에 오기 전에는 대학생이 되었어도 학교에 가라고 깨워주시는 엄마의 목소리에 나의 아침이 시작되있는네, 이젠 병원에서의 아침에 익숙해져 있습니다.

때로는 꿈속에서 깊은 수렁으로 빠져 그 속을 헤쳐나오려고 땀에 젖어 잠에서 깨기도 하고, 어느 날에는 꽃들이 만발한 정원의 잔디에 누워 팔베개를 하고 파란 하늘을 보며 지나는 구름에 인사를 하다 꿈에서도 꿈을 꿔 행복의 입맛을 다시기도 합니다.

어느 날 아침, 수녀님께서 기쁜 소식을 전해주셨습니다. 언젠가 지나는 말로 죽기 전에 제주도에 한번 가보는 게 소원이라고 말씀드렸더니, 그 말을 잊지 않고 제주도 구경을 시켜주겠다고 하셨습니다. 힘들지 모르겠다던 의사 선생님의 말씀과는 달리 건강은 기적처럼 좋아져 의사 선생님의 허락이 떨어졌

습니다.

꿈에 그리던 바다를 볼 수 있다니! 제주도에 갈 수 있다니! 불행한 녀석의 행복이라는 생각이 들었습니다.

처음 타 보는 비행기였습니다. 구름 위에 내 몸이 떠 있었습니다. 제주도 공항에 연락을 받은 병원 의사 선생님과 간호사들이 나와 반겨주셨습니다. 신부님의 안내로 제주도 이곳저곳을 눈으로 구경하고, 풍경마다 가슴에 담고 돌아왔습니다.

너무나 많은 분들이 나를 위해 수고해 주셨습니다. 힘이 들었지만 서울에 돌아와서도 아주 기분이 좋았습니다. 아니 조금씩 좋아진다면 퇴원할 수 있을 것 같은 생각이 들었습니다. 그러나 희망과 의지와는 달리 몸이 자꾸 무거워집니다.

형을 조용히 불러 내 몸을 병원에 기증해달라고 부탁을 했습니다. 형도 나의 뜻을 알고 묵묵히 고개를 끄덕였습니다.

좋은 추억과 기억만을 가지고 가기로 했습니다.

어머니! 울지 마세요.

불효막심한 이 아들을 용서해 주세요!

그리고 모든 분들께 감사드립니다.

스물두 살의 향기 짙은 장밋빛 젊은 피가 너무도 뜨거워 시들었습니다.

그대 죽어 별이 되지 않아도 좋다
푸른 강이 없어도 물은 흐르고
밤하늘은 없어도 별은 뜨나니
그대 죽어 별빛으로 빛나지 않아도 좋다.

– 정호승 님의 「부치지 않은 편지」 중에서

세상으로 잠시
소풍나온 아이들

때로는 환자나 보호자의 무료한 시간을 달래주기 위해 재미있고 유익한 책을 권하기도 합니다. 아이들에게는 만화책이 단연 인기입니다.

오늘도 달립니다. 책 수레를 끌고 병실을 찾아가 좀 안면이 있는 환자들에게는 볼만한 책도 권해드리는데, 젊은 남자 환자들에게는 농담 삼아 수준에 꼭 맞는 책이라며 영자책을 내밀면, 자신의 수준은 내공의 기를 키워주는 무협지이니 그런 책을 달라고 해서 함께 웃습니다.

아동병실에서 아이는 만화책을 보고 싶다고 하는데, 엄마는 위인전이나 동화책은 없냐고 하십니다. 그럼 위인전 한 권에 만화책 한 권으로 엄마와 아이는 합의를 보고 빌립니다. 머리를 쓰다듬어 주며 몇 학년이냐고 물으니 빵학년이라고 합니다.

유치원도 안 다녔으니 자기는 빵학년이라고.

어디가 아파서 입원했냐고 물으니, 아이는 아픈 아이답지 않게 너무나 씩씩하게 엄지손가락을 곧추세우며 "아줌마! 나 백혈병이야"라고 대답합니다. 그 말 뒤에는 "까불지 마! 난 백혈병이란 말야!"라고 메아리가 되어 들려옵니다.

아이들은 병이 클수록, 아플수록 그것이 하나의 자랑이며 힘이고 무기입니다. 아프고 힘든 것은 잠시 잊고, 난 남들이 무서워하는 백혈병을 앓고 있으니 조심하라는, 아니 아이의 순수한 마음에 큰 것이고 위중한 것일수록 남에게 자랑하고 싶은 마음에서인가 봅니다. 그래도 자기는 잘 참아내고 있다고 말입니다.

아이들은 어른들과 달리 서로가 서로를 잘 도와주고 또 위로합니다.

"야, 그 주사는 아무것도 아니야. 저 조그만 주사가 더 딥따 아프다", "빙신아! 밥 먹어야지 안 먹으면 죽는다"하며 서로에게 격려와 위로를 하는 모습이 세상 오래 살아온 우리보다 훨씬 낫습니다.

그 모습을 보면 이 아이들은 하늘나라에서 이 세상으로 잠시 소풍을 온 게 아닐까 하는 생각도 듭니다. 아니 이 세상에서 오래도록 맑고 밝게 살다 저세상으로 소풍가기를 기원해 봅니다.

오히려 조용하면 더 불안한 아이들의 병실.

"애들아! 울고 싶으면 크게 울고, 먹고 싶은 것 있으면 말해라! 소풍 온 아이들이 조용하게만 있으면 되겠니?"

나 하늘로 돌아가리라.
새벽빛 와 닿으면 스러지는
이슬 더불어 손에 손을 잡고,

나 하늘로 돌아가리라.
노을빛 함께 단둘이서
기슭에서 놀다가 구름이 손짓하면은,

나 하늘로 돌아가리라.
아름다운 이 세상 소풍 끝내는 날,
가서, 아름다웠더라고 말하리라….

– 천상병 님의 「귀천」중에서

오므라든 손가락을 가진 소녀의 숨은 마음

고등학교 1학년 여학생이 친구들과 본드를 맡고 담배를 피우다 화상을 입어 얼굴은 물론 손발이 오므라들고 온통 상처투성인 채 병원에 실려 왔습니다. 처음에는 미라처럼 얼굴과 손을 싸매고 있었는데, 시간이 지날수록 하나하나 풀게 되어 얼굴의 형태를 되찾아갔습니다.

그런데 그 예비 숙녀 앞에 서려면 조금 긴장하게 됩니다. 봉사자들이 가면 다른 봉사자들의 점수를 매겨 "월요일에 오는 아줌마는 80점이고, 화요일 봉사하는 아줌마는 83점이고, 수요일에 오는 아줌마는 98점이에요."라며 점수를 말해 줍니다.

"그럼 나는 몇 점이니?"하고 물으면 빙긋이 웃기만 합니다.

"점수는 어떻게 매기는데?"

"봉사하러 왔다면서 병실에 들어와서 왜 환자들 눈치를 봐요? 왜 눈을 못 맞추냐고요? 나하고 눈을 못 맞추는 사람은 '봉사자로서 자격이 아직 덜 되었구나' 생각하거든요. 이젠 병실에 들어오는 것만 봐도 전 다 알아요."

이 말을 듣고 저는 속마음을 들킨 것 같아서 무척 부끄러웠습니다. 심한 화상을 입은 환자를 보면 저도 모르게, 아니 알면서도 처음에는 쉽게 눈이 맞춰지지 않습니다. 정말 다른 것은 다 감출 수 있어도 눈은 감정을 숨길 수가 없나 봅니다.

어린 열일곱의 소녀는 이렇게 봉사자들에게 점수를 주며 나름대로 평가를 하였습니다. 고통은 나이보다 더 성숙하게 만드는지 나이든 아줌마들과 말도 척척 잘 받아치고 스스럼이 없었습니다. 그런데 소녀는 가끔 피자가 먹고 싶고, 통닭도 먹고 싶은데 할머니는 아무것도 모른다면서 먹고 싶고, 갖고 싶은 것을 은근히 대화 속에 내비치곤 했습니다. 무딘 봉사자는 그냥 그런가보다 하고 넘어갔는데, 나중에 알고 보니 어떤 봉사자는 소녀에게 피자를 사다주고, 어떤 봉사자는 소녀가 듣고 싶어 하는 CD를 사다주고, 또 어떤 봉사자는 예쁜 브래지어를 사주었다고 합니다. 그러고 보니 정말 소녀에게 후한 점수를 받은 봉사자들이었습니다.

"아니, 아이가 원한다고 뭐든지 사주고 그러면 애 버리지 않겠어요?"라고 말하자 경험과 연륜이 많은 동료가 빙긋이 웃으며 말했습니다.

"그건 아이를 버릇없게 만드는 게 아니라 마음을 열어주기 위한 거야. 사랑을 받지 못해 사랑할 줄도 모르는 아이가 그래도 구체적인 의미와 단어로 조금씩 깨닫고 있어서 참 보기 좋은데 뭘. 그리고 설사 그 아이에게 속았다고 치더라도 알고 속아주는 것하고 모르고 속아주는 건 우리 마음에 그 아이를 보면 측은하게 생각되는 정이 있기 때문일 거야."

정말 소녀가 보는 눈은 정확했고, 또 후한 점수도 의미가 있다는 걸 깨달았습니다. 단지 후한 점수가 선물만이 아니라 봉사자들의 숨은 마음을 알아주는 것 같았습니다. 언제나 인내하고 숨어서 일하는 선배 봉사자들! 그들이 모습이 미래의 내 모습이었으면 좋겠습니다.

측은지심, 연민의 정으로 보니 눌러 붙은 볼과 오므라든 손가락 하나하나를 이젠 아무렇지도 않게 만질 수도 있고, "다음에 너무 예쁘게 되서 몰라보면 어쩌지?"라고 농담도 하게 되었습니다.

소녀가 봉사자들에게 주는 점수가 조금씩 상향조정되어가고 있고, 그 중에 저도 괜찮은 아줌마라는 말을 듣고 웃음이 나왔습니다. 그런데 정작 우리 집에서는 몇 점짜리 아내, 엄마인지는 모르겠더군요.

"여보! 나 몇 점이야? 애들아! 엄마 몇 점이냐?"

딱 한번만 만져볼 수 있다면

충성!

푸른 군복을 입은 청년이 거수경례를 하며 씩씩하게 충성이라고 말을 했습니다. 그런데 청년의 푸른 군복이 핏빛으로 변해 깜짝 놀라 깨어보니 환자복이 땀으로 범벅이 되어있었습니다. 모두들 잠이 든 병실을 빠져 나온 그는 병원 복도 끝에 있는 의자에 앉아 어깨를 들먹이며 소리죽여 울었습니다.

한 달 전 아들의 입영통지서를 받고 대한민국의 남자라면 한 번은 꼭 다녀와야 한다며 의기소침해 있는 아들의 어깨를 툭툭 두드려주었습니다.

며칠 뒤, 손자가 나라의 부름을 받고 자랑스러운 대한의 군인이 되어 입대를 하게 되었노라고 시골에 계신 부모님께 인사를 드리러 가게 되었습니다. 서울서 학교를 다니는 아이들 고

모와 함께 온 가족이 자동차에 올라타니 차안이 꽉 찼습니다.

부부는 아이 하나만 낳고 낳지 않으려다 혼자면 너무 외로울 것 같아 뒤늦게 낳은 어린동생도 군대 가는 형과의 이별도 잊은 채 신이 나서 차안에서 노래를 부르고 장난을 하였습니다.

차는 가로수나무들을 뒤로하며 할아버지가 계신 곳으로 달려갔습니다. 휴게실에서 산 호두과자와 아이스크림을 먹던 두 아들의 얼굴이 피범벅이 된 장면으로 필름이 끊긴 채 불이 난 자동차와 구급차 소리로 화면은 갈피를 잡지 못하고 계속 흔들렸습니다.

"뒤에서 졸음운전을 하는 차가 받았는데 뒤에 있는 아이 둘과 아이의 고모가 현장에서…. 그리고 아내는 아직 중환자실에 있어요. 그런데 아직 아내가 아이들이 죽었는지 모르고 있는데 어떻게 말을 해야 할지 모르겠어요."

평소에 아내는 바쁜 가게 일을 제쳐놓고 자주 성당엘 갔는데 제가 무슨 신이 있냐고 핀잔을 수도 없이 했었습니다. 그런데 지나다보니 병원에 성당이 있기에 이렇게 왔습니다. 수녀님, 아내를 그렇게 핀잔한 놈이 들어가도 되겠습니까?"

수녀님은 대답 대신 성당 열쇠를 그의 손에 쥐어주었습니다. 그의 울음소리가 밖에까지 들려왔습니다.

"정말이지 딱 한 번만, 딱 한번만이라도 아이들이 보고 싶습니다. 정말 보고 싶어 죽겠어요. 아이들 얼굴 한 번만 딱 한 번만 만져볼 수 있다면…, 딱 한 번만이라도 아이들을 보여주세요."

아이들을 너무나 보고 싶어 하는 아버지의 구곡간장 단장의 울음소리에 밖에 서있던 우리들 눈에 눈물이 갑자기 내리는 소나기처럼 흘러넘쳤습니다.

사랑은 미루는 게 아닙니다

이마에 '나는 의리파'라고 쓰여 있는 것처럼 그 환자의 말투와 행동은 남자다웠습니다. 환자복을 입고 있었으면서도 너무도 씩씩해서 남자라면 어지간한 고통이나 아픔 따위는 내색하지 않아야 된다고 생각하고 인생을 살아온 듯 했습니다.

그래서인지 그는 전기화상을 입고 일주일 동안 지방병원에서 간간히 치료를 받으며 참고 참다가 결국 아픔을 참지 못하고 사태가 심각해져서야 서울에 있는 화상전문병원을 찾아왔습니다.

처음 그의 오른팔을 보았을 때는 검은 자주색으로 팔 전체가 죽어있었습니다. 아마 다음 주에는 한 쪽 팔이 없는 돌아온 외팔이가 되어서 우리와 만나게 될지 모르겠다며 남의 이야기를 하듯 농담처럼 웃음을 지었지만 그의 웃음 뒤에는 쓸쓸함이 깃들여 있었습니다.

경상도 무뚝뚝한 남자도 일단 말을 꺼내기 시작하니 묻지 않았는데도 자신의 지난날 이야기를 실타래 풀듯이 꺼냈습니다.

학창시절 개구쟁이 악동노릇은 모두 다했고 뒤늦게 성당을 다니는 마음 착한 여자를 만나 결혼을 하게 되어 단란한 가정을 꾸렸다고 합니다. 그런데 친구와 술을 너무 좋아해서 가끔 문제를 일으키는 그런 자신에게 믿음생활을 해보라고 아내가 권해서 성당 교리반에 들어갔다고 합니다.

한때는 착실히 다녀보려고 노력도 했지만 매번 친구들과의 약속이 생기고 또 친구를 만나면 자연 술도 한 잔 하게 되어 번번이 교리를 제대로 마치지 못해 아직도 영세를 받지 못했다고 합니다.

남자는 가족도 중요하지만 사회생활을 잘하려면 친구들과의 의리도 무척 중요하다고 생각했기 때문에 아내가 간혹 불만을 터트리면 당신은 늘 내 곁에 있으니 언제든지 잘해줄 수 있지만 어쩌다 만나는 친구들은 이왕이면 잘해줘야 할 것이 아니냐고 변명 아닌 변명을 늘어놓았답니다.

또 가족보다 친구나 이웃 대소사를 직접 챙기는 그런 남자가 그릇 큰 남자인 줄 알고 살았는데 이제 이렇게 되어 가족도 못 챙기고 오히려 짐이 되었으니 이런 기가 막힌 일이 어디에 있느냐고 반문을 하였습니다.

곁에서 이렇게 말을 하는 남편의 아프지 않은 팔을 주무르고 있는 그의 아내는 그를 향해 살짝 눈을 흘겼지만 모든 것을 이해한다는 표정이었습니다.

시간이 흘러 설마 했지만 그는 한 쪽 팔을 잃고 말았습니다. 또 혹시나 했던 다리에도 염증이 생겨 상처가 아물기를 기다리며 병원에서 겨울을 보내고 꽃피는 봄, 무더운 여름의 끝자락에 비록 다리는 절뚝거리게 되었지만 불행 중 다행으로 한 쪽 팔 옷깃만 바지에 꽂은 채 퇴원을 하게 되었습니다.

그가 그동안 몸은 아팠지만 마음에 크나 큰 위로가 되었다며 원목 수녀님을 찾아왔습니다. 수녀님의 도움으로 영세를 받게 되어서인지 마치 엄마를 찾아온 아이 같은 천진한 표정이었습니다.

그동안 수녀님, 봉사자 모두 고마웠다는 말을 하고 수녀님과 마지막 포옹을 하는데 순간 그가 갑자기 짐승처럼 울었습니다. 울음 속에 뭐라고 말을 하는데 울음 때문에 한 박자 뒤늦게 우리에게 전달되었습니다.

"아내가 뭐 해 달라고 하면 너는 평생 내 곁에 있을 거니까 원하는 것 천천히 다 해줄 테니 기다리라고 했었습니다. 언젠가 술에 취해서 저녁 파장 물건을 챙기는 아저씨한테 술 먹고 남은 돈으로 원피스 하나 사다줬는데 그 옷 입고 "나 이쁘지? 나 이뻐?"하고 열 번 백 번 물었던 무척이나 좋아했던 아내의 모습이 생각납니다. 사나이로 태어나 겨우 자기 마누라한테 시

장에서 옷 한 벌 사준 게 전부가 되어버린 이놈이 한심스럽습니다. 수녀님….”

우리가 미루어 짐작했던 이야기는 잃어버린 한 쪽 팔에 대한 신세타령이 아니라 아내에게 싸구려 옷 한 벌 사 준 것이 전부가 되었다는 것이 한심하다며 태어나 이렇게 처음 눈물이 나온다고 했습니다.

사랑은 미루는 것이 아니라는 것을 그에게 배우고 젖은 눈가를 살며시 닦아내었습니다.

당신이 주신 남자입니다
젊은 시절의 달콤한 언약은 없을지언정
그의 신뢰는 잊지 않게 하소서.

당신이 주신 여인입니다
싱싱하고 고운 모습은 없을지언정
그녀의 희생은 잊지 않게 하소서.

때로는 사랑보다
사소한 말다툼과
쓸데없는 자존심을 앞세울지언정
당신이 우리를 알게 하시고
당신이 우리를 맺어주셨음을
잊지 않게 하소서
죽음의 강을 건널 때까지.

3장

미안합니다

누군가가 내게 물었습니다. 당신을 잊었느냐고

묻혀버린 시간을 다시 들추어 잠시 생각해보다 미소를 지었습니다.

아닙니다. 잊지 않았습니다.

세상의 엄마들은 모두 똑같아요

"열두 아이 중에 다 보내고 이제 겨우 살아남아 있는 게 아들 하나, 딸 하나. 이 아픈 아들이 4대 독자로 남은 아이라우."라고 말씀하시는 할머니 곁에 서있는 할아버지는 나름대로 격식을 차려 입으려고 노력하고 나선 듯 꽉 낀 양복에 답답하리만큼 단추가 꼼꼼하게 채워있었습니다.

양복 속에는 빛바랜 누런 와이셔츠를 입고 흙처럼 검은 피부의 얼굴로, 누워 있는 아들의 손을 잡고 "애비다!"란 말만 되뇌고 있었습니다. 환자는 알아들었다는 듯이 아버지의 거친 손을 잡아끌어 가슴으로 갖다 대었습니다.

환자의 간병인이 아내도 아니고, 젊은 엄마도 아니며 나이 들어 허리 꾸부러진 할머니 엄마가 간병을 하고 계실 때엔 우리가 보기에는 때론 병상에 누워 있는 환자보다 간병인이 더 걱정이 될 때가 있습니다.

세월이 흘러도 잊히지 않는 삼행시가 있습니다.

어, 어는 어머니의 첫 글자이고

버, 버는 아버지의 두 번째 글자이니

이, 이쯤 되고 보면 어머니가 아버지보다 더 위대하지!

위대하지 않은 어버이의 사랑이 있겠습니까만 그래도 어머니가 아버지보다 위대하다는 소녀의 글에 소리 없이 혼자 웃어봅니다.

턱없이 억울한 일에 남자인 아버지는 가슴으로 소리 내지 않고 울겠지만 어머니의 소리 내어 우는 울음은 처절한 짐승의 울부짖음 같다는 생각이 떠나지 않습니다.

당신이 낳은 아들딸이 아프면 팔자 박복한 어미 만나 이렇게 되었다며 어머니들은 모두 죄인이 되십니다. 의사, 간호사 하다못해 병실을 청소해주는 아주머니께도 어머니는 머리 굽혀 인사하고, 아픈 자식에게 눈곱만한 해라도 올까 언제나 죄인을 자청하고 머리 숙이는 모습을 봅니다.

발병 6개월 만에 쉰한 살의 4대독자 대장암 환자를 보내고 온 날은 몸에 진이 다 빠져나가는 느낌이 들었습니다. 늙은 어머니의 울음이 아직도 귀에 쟁쟁합니다.

"무엇이 그리 급했니? 무엇이 그리 급했어. 이 불효막심한 놈아!"

어머니는 이렇게 중얼거리며 넋을 잃고 우셨습니다. 그런 어머니를 위로하고 영안실에서 올라와 식물인간이 된 채 만 3년이 되어가는 눈동자만 허공으로 이리저리 굴리는 젊은 엄마가 누워 있는 방에 가보았습니다.

건강한 사내아이를 순산했다는 통보를 받고 기쁨에 넘치는 웃음이 입가에서 채 지워지기도 전에 갑작스럽게 식물인간이 되어버린 서른여섯 살의 엄마. 그날 태어난 아이는 이제 유아방에 다닐 나이가 되었습니다. 한번도 건강한 모습의 엄마를 본 적은 없지만 그 아이는 "엄마 어디 계시냐"고 물으면 꼭 누워있는 엄마를 손가락으로 가리키며 얼굴을 비비곤 합니다. 태어나 젖 한번 물어보지 못했어도, 엄마가 다정한 말 한마디

"아가야!"하고 불러주지 않았어도, 단 한번 엄마의 포근한 품에 안겨보지 못했어도, 엄마와 세 살 난 아이는 같은 하늘 아래 함께 호흡하고 산다는 사실 하나만으로도 행복이란 것을 알고 있는 듯했습니다.

아이는 놀거나 밥을 먹다가도 한 마디 말도 못하는 엄마의 얼굴을 한번 슬쩍 만져보거나 쳐다본 후에야 안심을 합니다.

가끔씩 갑자기 찾아오는 엄마의 응급사태로 119 구급차에 실려 가는 엄마를 보며 "엄마를 데리고 가지 마세요."하고 몸을 구르며 우는 어린 손자의 모습에 외할머니는 딸이 언젠가는 일어날 거라는 기적을 믿게 되었다고 합니다. 의사도 이제는 기적을 믿으라는 진단을 내렸다고 하니 하루 빨리 이 젊은 엄마에게 기적이 일어났으면 좋겠습니다. 그리고 세상의 엄마들이 아프거나 아무 것도 할 수 없다고 하더라도 우리들 곁에서 오래오래 머물러 주었으면 세상에 더 큰 행복은 없을 것 같습니다.

마더 테레사와 다이애나 황태자비

친구 아버님의 장례식에 참석을 하였습니다. 갑자기 받은 부음이라 마음을 추스르기가 힘들었습니다. 발병 소식은 들었지만 그렇게 갑자기 가실 줄은 정말 몰랐습니다.

성당에서 장례미사를 드린다기에 갔더니 시신이 담긴 관은 없고, 상주가 돌아가신 분의 영정을 들고 들어왔습니다. 돌아가신 분은 마지막 무렵에 대세를 받고 당신 몸을 병원에 실험용으로 기증을 해서 시신 없는 장례미사를 드리게 되었다고 신부님께서 말씀해주셨습니다. 시신 없는 장례미사였지만 어느 미사 때보다 많은 사람이 참석해 주었고, 좋은 곳으로 가시길 바라며 더욱 간절히 기도했습니다.

당신의 시신기증 결심은 발병 후 시간이 흐르면서 당신에게 주어진 시간이 얼마 남지 않은 걸 느끼면서 결정하셨다고 합니다.

늘 일기예보에 관심을 가지고 "내일은 날씨가 어떻다고 하더냐?"가 하루의 주된 물음이셨고, 말수가 적으신 분이 더 말이 없어서 가족들은 아버지의 마음을 헤아려 보기에 더 가슴이 아팠다고 합니다. 특히 며느리에 대한 사랑은 더욱 극진해서 늘 사랑으로 아껴주셨다고 합니다. 당신의 시신을 기증하고 떠난 것을 가족들은 "우리를 너무나 사랑하시어"라고 말합니다.

당신의 마지막을 예견하신 아버지는 늘 날씨를 걱정하며 서울에서 거리가 먼 장지인 김천까지 아직 어린 손자 손녀들이 내려오고 올라 다닐 생각을 하시며 지나는 말로 걱정을 하셨다고 합니다.

그러던 어느 날, 아버님은 가족들이 모인 곳에서 단호히 당신의 시신을 기증하겠다고 하셨답니다. 시간이 지날수록 자식의 입장에서 다시 마음을 돌리실 생각이 없느냐고 묻고 또 물어도 어찌나 단호한지 아버님의 뜻을 따르게 되었다고 합니다.

영정사진 속에서 아버님은 무척 편안한 표정을 짓고 계셨습니다.

비가 그리도 퍼붓더니 미사 시간에는 정말 감쪽같이 비가 그쳤습니다.

"지아비가 그 길로 갔는데 나도 함께 가야지"하시던 친구의 어머님도 시신기증에 서명하셨고, 또 부모님의 뜻을 받들기로 하고 친구와 동생, 가족 모두가 시신을 기증하는 데 서명하였습니다.

미사 중에 신부님께서 "마더 테레사와 다이애나 황태자비가 있는데, 어떤 분을 닮고 싶으세요?"하고 물으셨습니다. 모두 "마더 테레사"라고 대답했습니다.

"그러면 다음 세상에 다시 태어난다면 두 분 중 어느 분을 닮은 생을 살고 싶으세요?"하고 물으셨는데, 다들 대답을 못하였습니다.

우리들은 항상 두 가지 마음이 있나 봅니다. 실천하고 싶지만 잘 안 되는 것은 결정을 내리지 못한 채 그러저러 살게 된다고 궁색한 변명을 합니다.

파가니니 바이올린 소나타 곡의 아름다운 선율 속에서 과감히 당신의 생을 정리한 친구 아버님의 그림자를 찾습니다.

이젠 자기들의 몸이 자신들 것이 아니라 유사시 다른 사람 몸의 일부분이 될 수 있도록 즐기던 술과 담배를 끊었다고 합니다. 맑은 영혼과 육체를 지닌 성스러운 생활을 해서 쓸 만한(?) 몸을 주고 가겠다며 큰 소리로 깔깔 웃는 친구 부부의 모습! 미리 내린 결단과 용기가 가슴에 감동의 돌을 던져 원을 그리며 번졌습니다.

미움을 가장한 사랑의 기도

만약에 죄와 업보로 인해서 병에 걸리는 거라면 정작 병에 걸린 사람의 죄와 업보로 인한 것이 아니라 주위에 있는 사람들의 죄와 업보로 대신 병에 걸린 게 아닐까 하는 엉뚱한 생각을 해봅니다.

아프고 고통스러워하는 환자 곁에서 지켜보고 간호하는 것이 얼마나 괴롭고 힘든 일인지 알기 때문입니다. 오히려 아픈 환자는 모든 걸 운명이라 여기며 삶에 초연해하는 모습이지만 곁에서 지켜보고 있는 사람은 겉으로 드러낼 수 없어 노심초사하는 모습은 오히려 환자보다 더 고통스럽고 초췌한 모습일 때가 많습니다.

'오랜 병에 효자 없다'는 말이 있습니다. 아무리 효성이 지극하고 사랑이 깊어도 때로는 자신도 모르는 사이에 짜증이 나

기도 합니다. 이런 자신이 원망스럽지만 이젠 그만 삶의 끈을 놓았으면 하는 생각이 든다며 이러는 자기가 나쁜 사람이 아니냐고 반문하는 보호자도 있습니다. 그는 다시 돌아올 수 없는 영영 먼 길을 갈 텐데, 잠시 그의 뒷바라지를 못하고 이렇게 힘들어하는 자신이 너무 밉다며 눈물 흘리는 아내도 있습니다.

노랗게 물들어 있는 은행잎이 떨어지기 시작한 늦가을에 30대 중반의 남자 환자가 병원에 입원하였습니다.

환자는 의사가 사망진단한 시기를 몇 개월 더 넘긴 채 정말 질기고 모진 생명의 뿌리로 혼수상태와 깨어남의 반복으로 무척 힘든 하루하루를 보내고 있었습니다.

언제일지 모르는 남편과의 이별 때문에 남편 곁에서 한시도 떠나지 않던 아내는 늘 손에 묵주를 든 채 기도로 마음의 안정을 찾으려고 무척 애를 쓰는 모습이었습니다. 환자는 고통에 겨워 고래고래 소리를 지르기도 하고, 온몸을 비틀어 손을 묶어 놓아야 할 정도였고, 같은 행동과 질문을 계속 반복해서 사람의 진을 뺄 정도로 힘들게 하였습니다. 환자를 간호하는 아내를 보며 좀 더 위로하지 못하고 도움이 되어주지 못함에 늘 안타까운 마음이었습니다.

시간이 지날수록 아내는 환자의 얼굴처럼 점점 야위어 갔고 나중에는 누가 환자인지 구별이 안 될 정도였습니다. "저러다 아내가 먼저 사고를 당하지 않을까?" 하는 방정맞은 생각이 들

정도였습니다.

신부님께서 환자를 위해 기도를 해주러 오셨습니다. 신부님께서는 하느님의 은총으로 고통을 이기어 하루빨리 완쾌될 수 있도록 간절한 기도를 드려주셨습니다. 신부님께서 기도를 마치고 병실을 나설 때 아내는 병원 복도 끝으로 신부님을 모시고 가더니 이내 눈물이 글썽이며 고개를 떨구었습니다.

"신부님, 죄송합니다. 죄송합니다. 요즘 제가 하느님께 남편을 살려달라는 기도가 아니라, 이젠 정말 힘들어하니 어서 빨리 데리고 가시라고 하루에 열 번, 스무 번도 넘게 기도하고 있습니다. 남편이 어서 빨리 죽으라고 기도하고 있어요."

흐느껴 우는 여인 곁에서 신부님도 어떠한 위로의 말도 할 수 없는지 그녀의 등을 두드려 주기만 하셨습니다. 그리고 "남편을 향한 사랑의 마음을 그분은 다 아실 것입니다."라고 애써 위로해 주셨습니다.

보내고 싶지는 않지만 보내야 하는 마음을 헤아려보니 마음이 애련합니다. 아마 오늘도 그녀는 어쩌면 남편을 살려달라는 기도가 아니라 어서 데리고 가시라는 기도를 할지 모르지만 주님은 알고 계실 것입니다. 우리가 아무리 속물이고 속된 말로 개떡같이 말해도 천상의 마음으로 찰떡같이 알아들으시는 분이시기에….

그녀의 기도는 미움을 가장한 사랑의 기도입니다. 차마 붙잡지 못하고 인연의 끈을 놓고 '어서 가라!'고 기도하는 여인의 고통을 우리 같은 범인들은 헤아릴 수가 없을 것 같습니다.

함께 사는 천사의 사랑

어렸을 적에 천사를 그려보라면 언제나 어린아이에게 하얀 드레스를 입히고 겨드랑이 양쪽엔 날개를 그려 놓고 머리 위엔 노란색 원을 하나 그려놓고는 했었지요. 아마 천사는 누구에게나 이렇게 공식적인 모습이었지 않았나 하는 생각이 듭니다.

그런데 나이를 먹고 보니 지금 사는 세상이 지옥 같은 사람은 아마 저세상도 지옥 같지 않을까 염려가 됩니다.

어리고 날개 달린 모습이 천사이기도 하지만 지금 생각으로는 아마 살아 있는 우리가 볼 수 있고 느낄 수 있는 이런 분들이 천사가 아닐까 하는 마음이 듭니다.

아침에 병원에 가면 눈치를 보게 되는 수녀님이 계셨습니다. 그 수녀님은 언제나 부지런하셔서 우리보다 먼저 병실을 한 바퀴 돌곤 하셨습니다. 유 테레사 수녀님께서는 늘 보아왔던 환자가 차도가 있고 나아보이면 당신도 모르게 아침이 즐거워 허밍으로 성가를 부르기도 하고, 어떤 때는 막 비가 내리려는 잿빛 하늘처럼 슬픈 얼굴을 하고 계셨는데, 그럴 때면 당신이 보셨던 환자가 나쁜 상황이라는 걸 이제는 모든 봉사자가 눈치를 챌 수 있게 되었답니다. 그렇지만 언제나 가능성과 희망만을 갖고 사시는 분같이 테레사 수녀님의 일엔 막힘이 없었습니다.

언젠가 20대 초반의 백혈병을 앓고 있는 환자가 상태가 몹시 좋지 않았습니다. 청년은 수녀님께 도시에 태어나 바다 한 번 못 보았다고 어린아이처럼 징얼대자 수녀님은 그 청년의 마지막일지도 모르는 소원을 어렵게 들어주셨습니다.

마지막엔 오히려 남아 있는 사람들을 걱정하며 아주 행복하게 생을 마감한 청년을 생각하면 수녀님이 더욱 생각납니다.

사랑은 기적을 낳는다는 말을 실감하면서도 우리는 처음엔 금전적인 일과 남에게 도움을 청하면서까지 이런 일을 해야 하냐며 수녀님의 일에 이의를 달곤 했습니다. 그런데 언제나 무에서 유를, 안 되는 일을 기적같이 이뤄내는 수녀님의 정성에 감탄하며 부끄러워했습니다.

우리는 도울 수 있는 데까지만 돕는다는 생각에 병원비가 없어 쩔쩔매는 보호자의 눈물도 때론 그냥 안 된 남의 일로 지나치는데, 수녀님께선 남을 돕고자 하는데 끝이 없었고 조용한 목소리로 남을 위해 거지(?)가 됨을 마다하지 않고 이곳저곳에 도움을 청해 꼭 병원비만큼만 모금을 해내는 기적을 이뤄내곤 했습니다.

또 그분과 함께 검은 치마를 입은 임마누엘 수사님 한 분이 계셨습니다.

가끔 강론시간에는 신자들과 눈을 잘 못 맞추며 부끄러워하시지만 막상 환자들에게 가면 환자들의 자상한 아들처럼 남편처럼 아내처럼 많은 말을 들어주시고 마음에 평안을 가질 수 있게 좋은 말씀으로 위로를 해주셔서 하루라도 안 보이면 환자들이 찾는 그런 수사님이셨습니다. 수사님도 사람들을 진심으로 좋아하셔서 누구에게나 정성을 다하셨습니다. 한번은 친척이 아무도 없는 남자 환자가 입원했는데 아내는 돌이 갓 지난 아이를 데리고 병실에서 남편 간호를 하며 아이와 함께 기거를 하고 있었습니다.

아이는 감염의 위험 때문에 병원출입이 금지된 상황인데도 이런 모습에 너무나 마음이 아프셨는지 수사님은 아이를 안고 본가의 당신 어머니께 아이를 한 달만 돌봐달라며 맡기고 오셨습니다. 환자와 그 아내는 남도 아닌 수사님의 어머니여서 마음이 놓여 아이를 보내긴 하면서도 수사님의 지극한 정성에 몸 둘 바를 몰라 했습니다.

그런데 더 마음 딱한 일은 어느 정도 환자가 병이 나아 가정으로 돌아가 통원치료를 받게 되면서 아이가 엄마 품으로 돌아와야 했는데, 근 한 달 동안 정이 든 수사님의 어머니와 아이가 헤어짐을 몹시 힘들어하였습니다.

이산가족 생이별 장면이 그럴까요?

아이가 어찌나 울어 대고 할머니 또한 어찌나 마음 아파하시는지 수사님은 아이를 맡긴 걸 무척 후회하셨습니다. 어머니께 못할 짓을 한 것 같다면서요.

이런 모습을 보면서 서로가 서로를 위해 마음 아파하는 게 사랑이라는 생각이 들었습니다. 그리고 천사는 바로 우리들 곁에 있다는 생각을 했습니다.

파란하늘은 어떻게 생겼을까

비오는 날에 태어난 하루살이는 온 세상이 비만 오는 줄 알고 죽어간다고 합니다. 어쩌면 하루살이처럼 그런 우울한 생각으로 세상을 살아갈 뻔 한 젊은 청년이 있었습니다.

스물여덟 나이에 찾아온 당뇨합병증으로 인해 한쪽 다리를 절단하고, 실명하여 앞을 볼 수도 없게 되었습니다.

아버지는 군복무 중 불의의 사고로 불구가 되었고, 어머니는 중풍으로 몸을 가눌 수가 없어서 사회단체에 갈 곳이 없을까 하고 수녀님이 여기저기 알아보았지만 받아준다는 기관을 찾지 못하고 있었습니다.

청년은 이젠 신장에도 이상이 생겨 투석까지 해야 할 형편이 되었습니다. 그의 유일한 희망은 점자를 배우는 것이었습니다. 그래서 눈으로는 읽지 못하는 성서를 손으로라도 한 번 읽어볼 수 있었으면 하는 것이 그의 바람이었습니다. 마음속에는 자신이 세상에서 제일 불행한 사람이라고 생각을 하면서도, 27년 동안 눈으로 보아왔던 세상의 일들로 추억과 위안을 삼으며 하루하루를 보내곤 했습니다.

그러던 어느 날, 우연한 기회에 지방에 사는 열다섯 살 소년과 전화통화를 하게 되었는데, 그 소년이 물었다고 합니다.

"친구들이 하늘이 파랗다고 하는데, 전 태어나면서부터 앞을 보지 못해서 파란색이 어떤 색인지 너무 궁금하고 답답해요. 파란색이 어떤 색이에요?"

청년은 소년과 통화를 한 뒤 계속 울고 있었습니다. 자신은 그래도 파란 하늘도 꽃도 보았고, 부모님의 얼굴도 보았다는

사실이 얼마나 행복한 일이었는지 소년과의 통화로 느끼게 되었던 것입니다.

"다리를 잃고 눈은 잃었어도 추억할 게 많은 저는 불행한 게 아니라 행복했던 거예요. 그 아이한테 제가 보았던 파란 하늘을 어떻게 설명해 줄까 생각하다가 정말이지 마음이 아파 견딜 수가 없었어요. 비오는 날에 태어난 하루살이의 인생처럼 비만 오는 줄 알고 갈 뻔했습니다."

미처 깨닫지 못한 지난 시간들 속에 따뜻한 봄날에는 새싹이 돋고, 찌는 듯 한 여름날의 푸르름도 있고, 갈색의 바람이 부는 가을도 있었다는 것을 뒤늦게 알았다고 합니다. 예전의 자기처럼 느끼지 못하고 깨닫지 못하며 살아갈지 모르는 열다섯 살 소년에게 '어떻게 파란 하늘을 설명해야 할까'하고 하늘에 대한 온갖 수식어를 떠올리며 조용히 두 손을 모으는 청년이 제 곁에 있었습니다.

너의 생은 비록 짧았지만

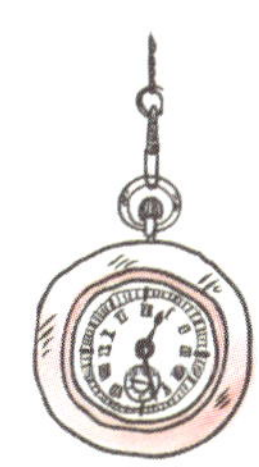

뇌종양으로 뇌수술을 다섯 번이나 받은 여덟 살짜리 소년이 있었습니다. 신경을 잘못 건드리면 식물인간이 될 가능성이 많아 이제는 더 이상의 수술은 포기한 상태입니다.

서투른 말이며 행동이 부자연스럽지만 언제나 휠체어를 타고 이 병실 저 병실을 도는 게 그 아이의 유일한 낙이었습니다. 그리고 기도하는 사람들을 흉내 내며 아픈 사람들에게 기도를 해주었습니다. 고사리 같은 두 손을 모아 말은 서툴지만 더듬거리며 기도를 하였습니다.

"예수님, 아프지 않게 해주세요…. 아줌마가 많이 아파 불쌍해요. 예수님, 도와주세요."하며 드리는 단순한 기도는 신앙을 오래 가지고 있는 사람들보다도, 성직자가 드리는 기도보다도 더 가슴에 와 닿았습니다. 그 작은아이를 아는 사람들은 그의 간절한 기도를 원했습니다. 그의 입술을 바라보는 이들을 눈물

바다로 만드는 여덟 살짜리 아이.

그런 아이가 하늘나라로 갔습니다. 어린아이의 죽음 앞에는 어떤 말도 부모에게 위로가 될 것 같지 않고 마음만 아프기에 부모에게 말을 건네기 어려웠는데, 아이의 부모가 우리 아기는 좋은 곳으로 갔을 거라는 확신이 든다는 말에 감사한 생각만 들뿐이었습니다. 그래서 장례미사를 드리는 마음들이 모두 어둡지만은 않았습니다.

많은 시간이 흘러도 문득 그 아이가 생각날 때가 있습니다. 그 아이의 기도를 들었던 분들이 찾을 때가 더욱 그렇습니다. 달거리로 항암치료를 받으러 오신 아주머니가 기도를 해준 그 아이를 찾으셨습니다.

"그 아이, 이제는 이 세상의 아이가 아니에요."

"그렇군요…, 그랬군요…. 그래서 안 보였군요…."

아주머니는 고개를 떨어뜨리고는 한참 만에 말했습니다.

"그 아이가 간 곳이라면 저도 무섭지 않아요. 두렵지 않을 것 같아요."

차가운 아이스크림만큼 뜨거운 가슴

사람들에게는 각자 오랫동안 기억하는 일들이 많습니다. 그 추억 속에는 누군가 한 사람이 자리하고 있게 마련입니다. 저에게도 오래 동안 잊을 수 없는 분이 한 분 계십니다.

작은 키와 넉넉한 체격에 늘 웃음을 짓고 계신 송홍배 토마스 아퀴나스 신부님을 만난 것은 그분이 사제 서품을 받고 부임지인 파푸아뉴기니로 떠나시기 보름 전쯤이었습니다.

식사를 함께 하게 되었는데, 넉넉한 외모와 달리 식사를 천천히 하시고 조금 밖에 드시지 않아서 농담 삼아 그 체격에 그렇게 조금 드셔도 되냐고 했더니 미리 저장해 놓은 것이 있어서 조금 먹는다고 대답하시고는 후식으로 나온 아이스크림은 양이 많은데도 다 드셔서 단순히 아이스크림을 좋아하는 분이라고만 생각했지 가슴속이 뜨겁게 타고 있는 줄은 정말 꿈에도 몰랐습니다.

신부님 나이 서른다섯. 예수님이 세상에 계셨던 나이보다 조금 더 사신 나이로 청년의 모습 그대로였습니다. 선교사 신부로 가시기 전에 먼 타국에서 얼마나 고생이 심하겠냐고 말하니 그곳 원주민들의 순수함과 한 일주일 지나면 피부 검은 그들 중에도 미인이 보인다는 농담을 남기고 떠나셨습니다. 그런데 떠나신지 3개월 만에 피를 토하며 다시 돌아오셨습니다.

위암 3기.

우리는 영혼이 힘들면 신부님을 찾아가 말씀을 드리고 치료를 받는데, 신부님이 육신이 아파 의사를 찾아 치료를 받게 되니 막상 신부님께 병문안을 가도 그분 앞에서는 기도가 나오지 않았습니다.

신부님은 아주 의연하게 치료를 받으셨습니다. 그러나 올봄 수원 외방선교신학원 성전에 두 손을 가슴에 모으고 신부 서품을 받는 날에 입으셨던 그 사제복이 수의가 되어 평안히 누워 계신 신부님. 제가 뵌 신부님의 죽음이었습니다.

지금도 신부님의 단아한 인품과 넉넉한 웃음을 그리워하며 그분의 모습을 애써 지우지 못하고 있습니다.

꽃에게 밥을 주는 아이

5살 민지의 손가락을 꼽아주면서 하나, 둘, 셋, 넷… 이렇게만 자면 집에 갈 거라고 달랬지만 민지는 오래도록 병원생활을 해야만 했습니다.

새처럼 작고 팔딱거리는 여린 가슴에 의사 선생님의 금속청진기는 차가워서 작은 얼음덩이를 올려놓은 듯했습니다.

병원에 처음 왔을 때 민지는 하얀 가운을 입은 사람들을 보면 경기를 하듯이 울었습니다. 멋을 부리려고 온통 흰 옷을 입고 병원에 온 사람조차도 경계를 하였습니다. 다행히 흰옷을 입지 않고 버찌 무늬가 그려진 가운을 입은 간호사는 무서워하지 않았지만 손에 든 주사기는 무서워하였습니다.

그렇지만 꽃피는 봄을 병실에서 보낸 민지는 의사, 간호사 언니는 물론 이제 주사도 무서워하지 않습니다. 다른 사람들보다 덜 아프게 주사를 놓아준다는 의사, 간호사 언니의 말을 믿기 때문입니다.

간혹 열이 오르거나 몸이 몹시 아파 밖에 못 나갈 때는 병실 창가에서 키가 작아 보이지 않는 병실 밖의 세상을 안아서 보여 달라고 졸랐습니다.

어느 날 창밖을 내다보던 민지가 소리를 쳤습니다.

"엄마! 차에 날개가 생겼어! 박쥐차야."

민지의 말에 밖을 쳐다본 엄마는 함박웃음을 지었습니다.

창 밖 길가엔 검정색 자가용이 세차를 하려고 운전석과 조수석 문을 활짝 열어 놓았는데 위에서 보니 정말 차에 날개가 달린 것 같았습니다. 엄마의 눈에는 대수롭지 않게 보였던 차가 민지의 눈에는 박쥐차로 보였던 것입니다.

어느 날, 민지 엄마가 민지에게 간식을 주고 자리를 잠깐 비었다 돌아와 보니 병실 창가 보랏빛 꽃이 핀 바이올렛 화분에 민지가 먹던 과자 몇 개와 껌 한 개가 담겨 있었습니다.

엄마가 "누가 지저분하게 이런 짓을 했을까?"하며 화분에 담긴 과자를 빼내니 민지가 "안돼! 안돼!"하며 크게 소리쳤습니다.

"엄마! 꽃이 배고프고 심심할까봐 내가 먹으라고 일부러 화분에 넣어 준거야."

엄마는 민지의 말에 터져 나오는 웃음을 참으며 말했습니다.

"아니야! 꽃은 해님이 주는 햇빛과 물을 먹고 자라는 거야. 과자는 못 먹어."

민지 엄마의 과학적인 설명보다 꽃이 배고프고 심심할 것이라는 생각을 한 번도 하지 않고, 못하고 살아온 병실에 함께 있던 어른 환자와 보호자, 그리고 봉사자들은 민지의 말에 모두 입가에 웃음이 번졌습니다.

민지가 빨리 완쾌되어 엄마 아빠와 함께 날개 달린 박쥐차를 타고 다른 아이들처럼 놀이공원에 놀러가기도 하고 오래된 느티나무 그늘 아래에는 둥근달처럼 큰 뻥튀기과자 나무밥을 놓아주면서 차츰차츰 어른이 되어 갔으면. 천사 같은 모든 아이들이 아프지 말고 개구쟁이라도 좋으니 무럭무럭 튼튼하게 자랐으면 정말 좋겠습니다.

우리 부부에게는 어린이가 없다.
그렇게도 소중한
어린이가 하나도 없다.

그래서 난
동네 어린이들을 좋아하고
사랑한다.
요놈! 요놈하면서
내가 부르면
어린이들은
환갑 나이의 날 보고
요놈! 요놈한다.

어린이들은 보면 볼수록 좋다.
잘 커서 큰일 해다오.

– 천상병 님의 「난 어린애가 좋다」

내맘은 그대의 집입니다

"설마, 설마! 내 남편이 그럴 리가 없어!"

젊은 아내는 의사의 말에 그만 자리에 주저앉아버리고 말았습니다. 울어서 눈이 부은 모습을 보면 남편이 신경을 쓸까봐 얼굴을 문지르듯 씻고 복받치는 슬픔을 속으로 삼키며 숨을 크게 들여 마셔보기도 하고 가슴을 쳐보기도 했습니다.

"아! 이러면 안 되는데, 울면 안 되는데."

슬픔은 참을 수 있지만, 흐르는 눈물은 막을 수가 없어 두 볼을 타고 흘러내렸습니다. 한참을 두 손으로 얼굴을 감싸고 서있었습니다. 그런데 그 사이에 남편이 어떻게 될지 모른다는 생각이 들자 등줄기가 서늘해져 병실로 뛰어갔습니다.

한참 자리를 비워서인지 남편이 많이 찾았나 봅니다.

"어디 갔다 온 거야?"

"요 앞 슈퍼에 잠깐 갔는데, 내가 뭘 사다가 실수로 진열된 물건을 쓰러뜨렸더니 주인이 화를 내지 뭐야. 아침부터 재수가 없다나. 그래서 한바탕하고 왔지 뭐!"

잠자코 듣고 있던 남편은 아내의 부어 있는 눈을 쳐다보다가 고개를 돌렸습니다.

의사가 '준비하셔야 겠어요.'라는 말은 했지만 이렇게 의식이 뚜렷하고 착한 남편이 자기와 아이를 두고 갈 것 같지 않았습니다.

오후가 되어 학교에서 돌아온 아들이 병원으로 찾아왔습니다. 아빠가 아픈 것에는 관심도 없이 병문안 온 사람들이 들고 온 주스를 마시고는 아빠 침대에 누워 보고 싶었다고 아픈 제 아빠를 밀치며 올라가는 철부지 아이를 말리며 언제 철이 들지 걱정이 들었습니다.

그렇게 한참을 남편 곁에 누워서 장난을 치고 얼굴에 볼을 문지르던 아이가 반응이 없는 아빠를 보고 소리쳤습니다.

"엄마! 아빠가 이상해."

병은 길어도 목숨 끊어지는 순간은 너무도 잠깐이었습니다. 갑자기 찾아온 장출혈쇼크로 혈압이 떨어져 짧은 순간에 그만 남편은 그들 곁을 떠나고 말았습니다.

장례식장에서 마지막 가는 길에 모습 한 번 더 보라고 남편의 얼굴을 보여주니 젊은 엄마가 그민 주지앉아 통곡을 하었습니다.

"아니야! 이렇게 보낼 수 없어. 이렇게 갈 수는 없는 거야!"

곁에서 검은 상복이 너무 커서 소매를 접어올린 초등학교 6학년 아들이 엄마를 부축이며 끌어안았습니다. 그러고는 작은 손으로 엄마의 얼굴에 흐르는 눈물을 닦아주며 "엄마! 울지 마. 울지 마."라며 엄마를 위로하고 있습니다.

아들보다 몇 곱절의 인생을 더 살아온 엄마도 죽음은 우리 힘으로 어쩔 수 없다는 건 몰랐나 봅니다. 아버지의 부재로 장난꾸러기 아들이 엄마의 힘이 되어 주는 든든한 가장의 자리를 맡고 있었습니다.

이별을 준비하는 마음

지난 가을.

마치 온 산에 불이 난 것 같다며 연일 TV 뉴스에서는 설악의 단풍을 보도하였습니다. 바쁜 회사 일로 저녁 늦게야 피곤한 몸으로 돌아오는 남편 때문에 불타는 단풍을 함께 구경하지 못하고 보내야 해서 가는 가을이 아쉽고 섭섭하였습니다.

저녁을 먹고 소파에 누워 휴식을 취하고 있는 남편에게 "경험하는 것이 가장 빠른 이해의 길이라는 말이 있던데 연애소설 한 편 쓸 수 있게 애인 하나 만들어 소설 한번 써볼까?"라고 했더니 급하면 말을 더듬는 남편이 "주…죽으려면 무슨 짓을 못하겠어!"라고 하더군요. 그런데 그 말이 이상하게 "당신을 정말 사랑해!"로 들리니 뭔 조화 속인지요.

이런 남편의 말을 들으니 허한 생각은 날아가 버렸고 남편이 출장 간 날 마음잡고 피정(避靜, retreat: 가톨릭 신자들이 자신들의 영신생활화에 필요한 결정이나 새로운 쇄신을 위해 어느 기간 동안 일상적인 생활의 모든 업무에서 벗어나 묵상과 자기 성찰기도 등 종교적 수련을 할 수 있는 고요한 곳으로 물러남을 말함)을 갔습니다.

피정을 하고 집으로 돌아와 그곳에서의 일들을 생각하며 근신하는 날들을 보냈습니다. 출장 간 남편이 돌아온 날 변해 있는 저의 조신해진 모습은 남편이 보기에도 이상했나 봅니다. 사실은 제가 죄를 지었거든요. 한순간이나마 남편을 버렸었지 뭡니까?

피정에서 수녀님이 쪽지를 나눠주시더니 추상적인 것도 좋고 사물도 좋으니 뭐든지 자신이 가장 아끼는 것, 가장 소중한 것 열 가지를 적어보라고 하셨습니다.

전 생각할 겨를도 없이 첫 번째는 이웃집에 불이 나 소방차 사이렌 소리에 들고 나왔던 자신만만하게 내 개인 재산 1호며 취미생활의 전부인 카메라를 썼습니다. 두 번째는 생각해보니 카메라보다 사람이 중요하다는 걸 깨달아 가족 중에서 남편, 딸, 아들, 친정아버지, 시어머님, 시아버님, 신앙, 나보다 더 날 생각해주는 여동생 이렇게 적었지요. 아마 친정어머님이 살아계셨더라면 친정어머니도 가장 아끼는 사람 중의 하나로 적혀 있었을 것입니다. 나머지 하나는 생각 끝에 곁에 있어 늘 행복하게 해주는 책을 적었습니다.

수녀님은 우리에게 조용히 눈을 감으라고 하더니 낮고 부드러우며 침착한 음성으로 조용히 한 편의 시를 읽어 주었습니다.

지금 우리는 먼 곳에 있는 섬을 향해
바다 한가운데를 항해하고 있는 중입니다.
그런데 갑자기 난데없이 폭풍이 몰아쳐
지금 배가 이리 저리 흔들리고 가라앉으려고 하니
가진 것 중에 하나를 깊은 바다에 던지세요.

깊게 생각할 필요도 없이 책이라고 적힌 종이를 바닥에 던졌습니다. 곁에 있어 저를 행복하게 해주지만 책 정도야 버려도 하나도 섭섭하지 않았습니다. 그런데 수녀님은 다시 시를 낭송하시더니 이번에도 갈 길은 먼데 또 폭풍이 몰아치고 비가 거세니 배가 위태롭다고 하시며 가진 것 중에 두 개를 버리라고 하셨습니다.

순간 마음속에 갈등이 생겼습니다. 비록 종이에 적었지만 다 가족이었으니까요. '그래, 우선 카메라를 던지고 나이순으로…. 그래도 세상을 좀 더 살아보셨으니 세상에 대한 미련이 젊은 사람들보다는 덜할지도 모르겠다는 마음에서 친정아버지라고 적힌 종이를 손에 쥐었습니다. 그러고는 '불효자를 용서해주세요.'하며 마음 아파하면서 종이를 슬며시 내려놓았습니다.

그런데 수녀님은 우리에게 또 버리라고 하셨습니다. 책 버리고, 카메라 버리고, 친정아버지 버리고, 이제 다시 나이순으로 친다면 시부모님마저 버려야 하니 정말 갈등이 일었습니다. 적어 놓은 열 개 중에 이제 남은 것이라고는 내 분신 같은 여동생과 남편, 내가 낳은 딸과 아들, 그리고 신앙뿐이었습니다.

그런데 야속하게도 수녀님은 또 버려야한다고 채근을 하셨습니다. 순서대로 여동생을 버리고 다음으로 딸과 아들도 버렸습니다. 이제 남은 것이라곤 남편과 신앙! 막상 남아 있는 두 개의 종이를 보며 정말 제 자신이 놀랐습니다. 단 한 번도 생각해 본 적이 없었던 일, 제가 신앙인인 줄 몰랐는데 마지막으로 남편과 함께 끝까지 남아 견주게 되는 갈등의 대상이 될 줄은 정말 몰랐습니다.

그런데 순간 혼자서는 절대 못 살 것 같은 여인들이 과부라는 이름으로 남편과 사별 후에도 꿋꿋이 살아가고 있는 것이 떠올랐습니다. 제가 알고 있는 분들이 남편 없이 혼자 사는데 위로가 되어 준 건 신앙이며 예수님이셨다는 사실을 저에게 종종 들려주었습니다.

결국 저는 "미안해, 남편아!"하면서 남편이라 적힌 종이를 슬며시 책상 밑으로 내려놓았습니다. 가끔은 살면 살수록 괜찮은 남자라고 했는데, 남편보다 난 신앙을 택했습니다. 처자식 먹여 살리려고 객지출장을 간 남편한테 미안한 생각이 들어 순간 목젖이 젖어왔습니다.

눈감게 되면 모든 것을 다 놓고 가는데 살면서 버리지 못하고 비우지도 못하며 남편과 자식, 또한 주위 사람들이 내 것인 양 생각되어 조금만 섭섭하게 하면 마음 아파하며 속상해하는 사람들. 우리에겐 왜 그리도 소유욕과 욕심이 생기는지요.

피정은 이렇게 내가 가지고 있는 것에 대한 소중함을 깨닫고 언젠가는 이별을 해야 할 모든 것에 대한 애착을 버리는 것으로 전보다 더한 사랑을 느끼게 해주었습니다.

며칠 후 출장에서 돌아온 남편을 반갑게 맞아 주어야 하는데 왠지 남편이 피정에서의 비밀을 다 알 것 같은 마음에 미안한 생각과 더불어 어색하고, 마치 죄지은 것처럼 똑바로 쳐다볼 수가 없었습니다. 이런 제 모습에 또 남편이 말을 더듬었습니다.

"뭐, 뭐야! 나 없는 사이에 바람이라도 폈어?"

그래도 고상하게 피정하고 온 사람에게 바람이라니. 생각해보지도 않은 말 같지도 않은 말을 하는 남편의 말에 기분이 팍 상해서 저도 모르게 소리를 질렀습니다.

"그래욧! 바람났어욧! 성당 바람, 예수님 바람났어요. 어쩔 것이여!"

환자가 되어버린
호스피스 봉사자

'못난 놈들은 얼굴만 봐도 반갑다'는 어떤 시인의 글처럼 봉사자들은 만날 때마다 반가운 마음에 가벼운 애정표현을 하며 서로 웃곤 합니다. 늘 한 가족처럼 기쁨도 나누고 슬픔도 함께 합니다.

그런데 마음은 있어도 함께 하지 못하고, 도와줄 수 없는 일이 봉사자 한 분에게 생겼습니다. 같이 봉사를 하던 한 동료가 속이 좋지 않아 진찰을 받았는데, 검사받은 그날로부터 환자의 역할로 바뀌어 하고 있던 봉사를 그만 두게 되었습니다.

"봉사하는 사람은 몸과 마음이 건강해야 남에게 베풀 수 있지 아픈 기색으로 봉사할 수는 없지 않겠어요?"

그래도 기력이 있을 때까지는 무슨 일이든 도움이 되고 싶다며 잔잔한 소품들을 챙겨 세탁을 해오는 등 일을 놓지 않았습니다.

항암제 치료를 받으러 병원을 들락거려야 하는 환자들은 호스피스 봉사자의 투병하는 모습은 어떤 모습일지 궁금해 하였습니다. 그러던 어느 날, 그동안 고통을 잘 참아왔는데 그날은 너무 아프다며 울고 있었습니다.

평소 우리가 환자들에게 하는 말과 행동은 환자의 고통을 조금이나마 덜어주는 일과 또 언제 어디서든 기적이 일어날지도 모른다는 기대감이었습니다. 그리고 아픈 봉사자가 시범적(?)으로 그 역할을 대신해줄 것이라는 이기적인 마음으로 완쾌를 기대하였습니다. 아니 강요한 것인지도 모릅니다.

한 시대를 풍미했던 총잡이가 대통령보다도 더 젊은이들 사이에 인기가 많자 청소년들이 전부 그런 쪽에 관심을 갖게 되면 사회가 문란해질까 봐서 사형선고를 내리고, 죽을 때 제발 남자답게 의연하게 죽지 말고 진정 청소년을 위한다면 비겁하고 치사하게 죽어달라고 부탁을 한 것처럼 말입니다.

그러나 이와는 반대로 입원한 봉사자가 더욱 강한 마음으로 병마와 싸워 이겨 함께 고통 받는 환자들도 강한 의지로 투병생활을 이겨내길 바랍니다. 언제 내가 아팠냐는 식으로 병에서 회복되기를 우리 모두는 간절히 기도드립니다.

이 세상이 그렇게 좋던가요?

점심시간이면 화상 중환자실에 입원한 환자에게 점심을 먹여주러 갔습니다. 그럴 때면 가운을 바꿔 입고 마치 구제역 예방지역을 소독하는 것처럼 분무기에 들어 있는 소독약을 손이며 온몸에 뿌리고 소독을 한 후 들어갑니다.

중환자실에는 서른여섯 살의 남자 환자가 있었는데, 면회시간이나 식사시간이 되어도 아무도 찾아오지 않아 밥을 먹여 줄 사람이 없었습니다. 그래서 호스피스 봉사자들이 돌아가며 밥을 먹여주기로 했습니다.

미라처럼 붕대로 얼굴이며 온몸이 칭칭 감겨 있는 모습의 그가 다치기 전에는 어떤 모습일까 자못 궁금했습니다. 투박한 경상도 사투리에 중간 톤의 무게 있는 목소리를 갖고 있었기 때문에 그리 가벼운 사람은 아닌 것 같다는 나름대로의 추측만 했을 뿐입니다.

처음에 가서는 간단히 봉사자라는 소개를 하고 정말 아기에게 밥을 떠먹이는 마음으로 온 정성을 다하다 보니 환자보다 밥을 먹여주는 제가 더 식은땀이 날 정도였습니다. 점심밥을 못 먹고 갔을 때에는 평소엔 별반 맛없어 보이던 환자식이 입에 침이 가득 고일 정도로 맛있게 보이고 혹시 환자가 내 배에서 나는 꼬르륵 소리라도 들을까봐 여간 조심스럽지 않았습니다.

그런데 환자는 늘 뭐가 못마땅한지 처음엔 밥 먹기를 거부했습니다. 그러나 밥이 보약이고 이렇게 아픈 상처일수록 먹기를 잘 해야 한다고 여러 번 권해 늘 반 정도의 밥은 먹여주었습니다.

환자가 먼저 말을 안 하면 다른 것은 묻지 않는 봉사자 나름대로의 수칙 때문에 처음에는 왜 이 지경이 되었냐고 물어볼 수가 없었습니다. 그래도 한 번, 두 번 환자와 식사를 핑계로 만나다 보니 어느새 자연스런 대화를 나누게 되었습니다.

결혼 대신 멋있게 혼자 살기로 마음먹고 결혼도 안 하고 즐겁게 살려고 노력했지만 회사 일은 힘들고 즐거운 일은 하나도 없는 것 같아 자신도 모르게 우울해지더랍니다. 그러던 어느 날 이렇게 살면 뭐하나 하는 생각이 들어 스스로 자해를 했다고 하는 말에 순간 귀를 의심하며 다시 한 번 물었습니다.

"자해요?"

"자살 말입니다."

“아니 이렇게 좋은 세상을 등지려고 했어요?”

“봉사자님은 지금 이 세상이 그렇게도 좋으세요?”

“그럼요. 이 세상이 얼마나 좋아요? 옛 말에 개똥밭에 굴러도 이승이 좋다고 하는데.”

그러자 환자는 허탈한 웃음을 지었습니다.

“세상이 좋습니까? 그냥 콱 죽어버렸으면 좋겠어요.”

“그런 말은 함부로 하는 게 아니에요.”

그제야 그가 귀에서 떨어뜨린 이어폰에서 흘러나왔던 음악이 수백 명을 자살로 이끌었다고 해서 ‘자살의 찬가’라고 별칭 붙여진 〈글루미 선데이〉였던 이유를 알게 되었습니다.

시간이 약이라더니 차츰 화상의 상처는 아물어가고 그와 만난 지도 석 달이라는 시간이 지나갔습니다. 이젠 환자가 마음을 열었는지 아니면 감추는 건지 서로 안부를 물을 정도로 병원 분위기에 익숙해지는 것 같고 농담을 할 정도로 밝아졌습니다. 하지만 흉터 있는 몸으로 세상에 나가면 무슨 소용이 있겠느냐며 하소연을 하는 그의 비관적인 말투는 여전히 고쳐지지 않았습니다.

그로부터 2주 만에 환자를 다시 찾았습니다. 환자 곁에 가서 인사를 나누고 식사를 하자고 하니 다른 날과 달리 밥 한 그릇을 다 비우고 또 주면 뭐라도 먹을 기세여서 너무도 달라진 모습에 의아한 생각이 들었습니다.

참 이상한 게 사람인가 봅니다. 스스로 죽겠다고 했던 사람이 자신의 몸에 악성 종양이 자라고 있을지도 모른다고 검사를 받고 나서부터는 죽음을 두려워하니 말입니다.

적게 먹는 사소한 효도

“저처럼 화상으로 입원한 환자들이 제일 듣기 싫어하는 소리가 뭔지 아세요?”

“1번, 주사 맞을 시간이에요? 2번, 병원비 정산해 주세요? 3번, 옆 침대환자가 아파서 내는 신음소리?”

“땡! 다 틀렸습니다. 쯧쯧쯧….”

“다 틀렸다구요? 그럼 무슨 소리인지 정답을 가르쳐 주어야 할 것 아니예요?”

“답은 이미 말했잖아요.”

“언제?”

“지금이요! 쯧쯧쯧….”

화상 환자들이 가장 듣기 싫어하는 소리는 ‘쯧쯧쯧’ 이란 혀 차는 소리니까 혹 병문안을 가게 되면 환자 앞에서 절대 그런 소리를 내지 말라고 하는 것이었습니다.

'쯧쯧쯧' 소리에는 '어쩌다 이렇게 되었니? 불쌍하고 측은해서 안됐네! 앞으로 어떻게 살거니?'라는 동정과 연민의 소리가 숨어 있는 듯해서 환자들을 더욱 절망하게 하는 가장 듣기 싫은 소리라고 했습니다.

그녀의 머리맡에 있는 작은 카세트에서는 늘 음악이 흘러나왔고 다른 사소한 일상의 모든 것 휴지, 볼펜, 메모지 등은 팔만 뻗으면 손에 닿을 수 있게 널려있었습니다.

그녀의 부모님은 하나 뿐인 딸의 병원비를 벌기 위해 빌딩 청소부로 아파트 경비로 일을 하러 가셨기 때문에 아픈 그녀를 지켜줄 사람은 불행하게 아무도 없었습니다. 이런 그녀의 딱한 사정을 아는 병실의 다른 환자 보호자들은 동병상련으로 자신들의 가족처럼 그녀의 손발이 되어 나름대로 많은 도움을 주고 있었습니다.

그녀가 화상으로 처음 입원했을 때와 달리 점점 그녀를 찾아와주는 사람도 줄어들었습니다. 자주 찾아오지 않는 친구들을 떠올리며 만약 친구 누가 아팠다면 자신은 여러 번 찾아가 위로를 해주었을 것이라며 오지 않는 친구들을 섭섭하게 생각하는 것 같았습니다.

시간이 흐를수록 그녀는 병원생활에 적응이 되었고, 세상 속에 있을 사람들을 조금씩 이해하는 마음이 생겼습니다. 그리고 몸은 누워있는데 어디서 그런 농담과 야한 소리를 들었는지 꼭 재방송을 하여 병실 안의 다른 사람들에게 웃음을 선사하곤 했습니다.

이야기 소재가 떨어지면 한 번만 더하면 백 번을 채울 이야기. 자신이 다치기 전 밥 한 끼를 굶으면 44사이즈도 맞을 정도로 날씬했고 한 번만 만나 달라고 졸랐던 남자가 한둘이 아니었다며 그 중 한 사람과 결혼을 했으면 벌써 서넛 아이의 엄마가 되었을지도 모른다는 이야긴 이제 같은 병실에 있는 사람들은 토씨 하나 틀리지 않고 다른 사람에게 전해 줄 수 있을 정도로 그녀가 자주 하는 레퍼토리 중 하나였습니다.

그녀의 마음은 늘 한결 같지는 않았습니다. 병실에 누워 있는 많은 날들 중 변하는 날씨처럼 어떤 날은 모든 것을 체념하고 하루 종일 누구와도 말하지 않았고, 또 어떤 날은 무슨 일이 있어도 시집 한 번 못 가본 게 억울해서라도 꼭 일어날 거라는 다짐을 주위 사람들에게 결심을 하듯 말로 내뱉고 스스로도 위안을 삼기도 하는 듯 했습니다.

머문 듯이 가는 세월 앞에서 그녀의 몸은 좀처럼 예전의 모습으로 돌아올 생각을 하지 않았습니다. 그리고 언제부터인가 그녀는 적게 마시고 적게 먹었습니다. 이유는 오후가 되어 쉬지도 못하고 병원으로 달려오시는 부모님께 할 수 있는 효도가 적게 먹어야 대소변이 적게 배출되기 때문이랍니다. 돈 생각해서 기저귀 하나라도 덜 사용해야 하고, 침대 시트 한 번

갈려면 땀을 비오듯이 흘리는 부모님을 생각하니 체중이 많이 나가서도 안 될 것 같다는 것이었습니다. 그래서 그녀는 의식적으로 무엇이든지 적게, 작은 요구르트까지도 반만 마시려고 했습니다.

지금 부모님을 위해서 자신이 할 수 있는 일이라는 것이 고작 이렇게 적게 먹는 일밖에 없다는 사실에 좀 기분이 그렇다며 습관처럼 코를 찡그렸습니다. 그런 그녀에게 지금의 처지에서 부모님 생각하는 마음만으로도 충분한 효도라고 다독였습니다.

그녀는 몸의 고통으로 동갑의 친구들보다 정신은 훨씬 성숙해서 가끔 친구들이 오랜만에 병문안을 와주면 자신이 건강했을 때 엄마 아빠와 많은 이야기를 나누지 않았고 여행 한번 못한 것이 살면서 제일 크게 후회된다며, 소중한 것을 잃고 나니 그것이 얼마나 소중한 것이었는지 뒤늦게 깨닫게 되었다고 말했습니다.

화상은 그녀에게서 영화, 뮤지컬, 옷과 액세서리 등의 세상 이야기들을 잊게 했지만 소홀했던 부모님 생각을 마음에 가져다준 듯 했습니다.

잠자코 듣던 친구들은 꼭 "언니 같은 소리만 하네!"하며 곱게 눈을 흘겼습니다.

친구들이 돌아가면 즐거웠던 만큼 다시 무거운 침묵이 오고 이불을 얼굴까지 올려 덮었습니다. 못 본 척 하다 이번엔 훌쩍거리는 그녀에게 재미난 이야기 해주겠다는 약속을 하고 이불을 얼굴에서 내렸습니다.

"어떤 사람이 사는 일이 너무나 힘들어 죽고자 결심을 하고 마지막 유서를 쓰면서 노트에 '자살자살자살' 하고 쓰다 보니 붙여 쓴 글씨가 '자, 살자. 이젠 살자. 살자'로 보여 다시 살기로 했데."

내 이야기가 썰렁해서인지 아님 진짜 재미가 있어서 인지는 모르지만 그녀가 울다가 웃었습니다.

이제 '쯧쯧쯧'은 혀 차는 소리가 아니라 '짝짝짝' 모든 일이 잘 되어 손과 입으로 치는 박수소리라고 우리들만의 암호를 만들었습니다.

엄마의 숨겨진 아픈 상처와 사랑

인터넷 종교 사이트에 가보면 제일 많이 찾는 검색 단어 중 1위를 차지하는 것이 '상처'라는 단어입니다. 아마 두 번째로 많이 찾는 단어는 '사랑'이 아닐까 하는 생각이 듭니다.

그런데 가장 깊은 상처를 주는 사람은 다름 아닌 가까운 곳에 있는 사람인 경우가 많습니다. 부모나 형제, 부부, 연인, 가까우면 가까울수록 오히려 상처의 깊이는 깊고 그래서 관계의 거리와 상처는 비례한다고 하는지 모르겠습니다.

병실을 지나다 가끔 실내방송에서 중환자실의 환자 중에 아무개 보호자를 찾는 방송이 나오면 왠지 걱정부터 앞섭니다. 좋은 상태로 보호자를 찾지는 않는다는 걸 알기 때문입니다.

중환자실에서 임종을 맞는 사람도 있지만 6인실이나 4인실에서 독방으로 옮겨져 가족이 보는 앞에서 임종을 맞는 사람도 있습니다. 이 환자도 그랬습니다.

뇌졸중으로 쓰러진 남편을 간호하며 당신의 말로는 좋은 시절을 병실에서 함께 다 보냈다며 가끔 회한의 말을 하고는 했는데, 남편 걱정을 하다 자신의 건강에는 소홀했는지 위암 말기가 되어서야 발견하게 된 환자였습니다.

남편에게는 무척 친한 친구가 있었는데 늘 시간이 날 때마다 병실에 찾아와 환자의 말동무도 되어주고 때로는 환자의 아내가 볼일이 생길 때 그녀 대신 환자의 뒤치다꺼리를 해주었습니다. 또 날씨가 좋은 날에는 환자와 환자의 아내를 차에 태워 야외로 나가 신선한 공기도 맡게 해주며 휠체어에 환자를 태운 채 산책을 즐기기도 하였습니다.

친구 사이, 부부 사이. 둘이 아닌 셋은 늘 함께 있었기 때문에 무척 다정한 사이여서 흉허물 없는 가족과 같다고 했습니다.

환자의 아내는 피를 나눈 친척도 아닌데 이런 좋은 친구가 남편에게 있으니 우리부부는 인복이 있는 부부라고 늘 자랑삼아 말하였습니다.

그런데 사람의 일은 정말 모를 일인가 봅니다. 그렇게 건강해 보였던 아내가 먼저 세상을 떠나야 할 입장이 될 줄은 그 누구도 상상해보지 못한 일이었습니다. 체중이 줄고 머리카락도 빠져 아름답던 아내의 모습은 이미 사라진지 오래되었지만 그래도 남편은 아내를 끔찍이 생각하며 아픈 아내로 인해 무척 마음 아파했습니다.

간병인을 자청하여 하루가 멀다 하고 병실을 방문한 친구는 그럴 때마다 좋은 생각만 하자며 위로를 해주었습니다. 때로는 말동무도 해주며 지난 시절 셋이서 함께 지냈던 기쁘고 좋은 순간들을 회상할 수 있게 기억을 거슬러 추억의 이야기보따리를 풀곤 했습니다. 학창시절 이야기를 꺼내면 마치 그때의 소년이 된 듯이 서로 홍안이 되어 그 시절의 악동들로 돌아가 말장난을 하며 우울한 병실을 웃음바다로 만들어 놓곤 했습니다.

환자의 아내도 함께 말을 거들며 남편의 친구에게 살짝 눈을 흘기곤 했습니다. 남편은 그런 아내가 먼저 세상을 하직하려하자 마음이 아픈 가운데서도 다시 일어서 보려는 의지로 물리치료도 열심히 받았습니다.

그러나 주위의 안타까운 마음도 아랑곳없이 시간은 기다려주지 않고 아내의 병세는 아주 심각할 정도가 되어 1인용 병실로 옮겨졌습니다.

그녀는 독방에서 계속 혼수상태로 있었는데 헛것이 보이는지 "참 아름다운 동산이네. 누구 엄마도 있고, 친구도 있고 참 좋다. 아니 저기 사랑하는 당신도 있네. 영석씨! 저 왔어요."하고 헛소리를 했습니다. 딸이 귀를 의심하고 재차 "엄마! 무엇이 보이세요?"하고 물으니 "꽃동산에 소풍 왔는데 저기 사랑하는 당신이 있어요."하고 대답하였습니다.

그런데 천만뜻밖에 혼수상태에서 부른 이름인 사랑하는 당신은 아버지의 이름이 아니라 아버지와 늘 함께 한 아버지의 다정한 친구인 아저씨의 이름이었습니다. 재차 확인을 해도 변함없이 똑같은 말…. 딸은 순간 망치로 머리를 맞은 기분이 들었고 잠시 엄마에게 심한 배신감을 느꼈지만 그간의 어렴풋하게 보고 느껴졌던 아저씨의 친절로 인해 젊은 나이에 쓰러진 아빠의 병간호로 세월을 다 보낸 엄마의 마음, 사랑의 감정을 같은 여자로서 이해하는 것 같았습니다.

엄마를 위로도 해드리고 어쩌면 마음 한구석에 담고 가실지 모르는 응어리를 풀어드리는 것이 자식의 도리인 것 같아 엄마가 깨어났을 때 다시 한 번 확인을 했더니 "미안하다!"는 짧은 한 마디와 조용히 흐르는 눈물 속에 침묵으로 대답을 대신했습니다.

잠시 의식이 돌아왔을 때 딸은 아빠의 친구 분을 모셔와 두 분만의 마지막 시간을 가질 수 있게 해주었습니다. 그런데 아빠가 이런 사실을 모를 줄 알았는데 어떻게 알고 딸의 손목을 잡고 이렇게 말했습니다.

"잘했다. 난 내가 먼저 갈 줄 알고 나 먼저 간 뒤 네 엄마를 돌봐달라고 친구에게 부탁했었는데 엄마가 먼저 가게 될 줄 정말 몰랐단다."

이런 걸 보면 사랑과 상처는 한 몸인가 봅니다.

지키지 못한 약속이 맘에 걸려

날씨가 꾸물거리는 이른 아침입니다. 병원에 다녀온 지 며칠이 지났지만 아직도 마음이 어둡기만 합니다.

환자 중에 이제 막 백일이 지난 딸을 둔 30대 젊은 남자가 백혈병으로, 또 한참 재미있게 살 나이인 50대 여자가 장대 같은 쌍둥이 아들과 남편을 두고 하늘나라로 떠나고 나니 가슴이 텅 비어버린 것 같습니다.

50대 여인을 극진히 간호하던 사람은 그녀의 남편이었습니다. 뒤늦은 사랑의 깨달음으로 병중인 아내가 더욱 사랑스럽다며 아내를 위해 매일매일 밤을 새워도 힘들다고 얼굴 한 번 찡그린 적이 없었습니다. 간암 말기로 혼수상태에 자주 빠지고 통증이 심해서 보는 이도 안타까웠는데, 남편의 변함없는 간호는 정말 부부가 뭔지 알려주는 진실한 부부애를 보여준 분이었습니다.

어느 날, 아내를 잃은 지 한 달 만에 남편분이 원목실로 과일을 사들고 찾아왔습니다. 신부님, 수녀님께 감사드리고 봉사자들에게도 그간 고마웠다며 인사를 전했습니다.

그런데 그분은 아내가 죽기 전에 원하는 것은 다 해주었는데 한 가지 약속을 지키지 못해 미안하고 평생 마음에 걸릴 것 같다고 하였습니다.

아내는 자신의 죽음이 임박했다는 걸 알았는지, 자기가 죽거든 춥고 찬 것은 싫으니 바로 영안실 냉동실에 넣지 말아달

라고 부탁하였답니다. 그런데 아내가 죽자마자 병원 측에 맡겨서 영안실로 바로 가게 하였답니다. 자신이 더욱 서둘러서….

그동안 몇 번이고 혼수상태를 맞아 중환자실에서 일반병동으로 옮기기를 여러 차례, 깨어날 때마다 어찌나 고통스러워하는지 차라리 깨어나지 말기를 마음속으로 여러 번 빌었다고 합니다.

의사도 마음의 준비를 하라는 말을 수차례, 그렇지만 모진 게 목숨이라 죽었다고 했다가 또 깨어나기를 수차례였습니다. 그런데다가 깨어난 후에 다시 찾아오는 고통은 환자와 가족에게는 견딜 수 없는 고문이었습니다. 그래서 의사가 사망했다고 판정하자 서둘러 영안실로 옮겼다며 아내와의 약속을 어긴 사실이 마음에 너무나 걸린다고 하였습니다.

그분의 말이 끝나자 어떤 이는 커튼 속으로 들어가기도 하고, 어떤 봉사자는 괜히 책을 만지작거리기도 하였습니다. 우리는 아무도 왜 약속을 어겼냐고 말할 수가 없었습니다.

이별을 준비하는 잔치

"내 눈을 똑바로 쳐다보고 말을 해줘요. 내 병은 내가 다 알고 있지만 그래도 전문적으로 많이 배운 의사 선생님이 내가 얼마나 살 수 있는지 거짓말 하지 말고 솔직히 말을 해주구려."

할아버지는 회진을 온 의사 선생님을 붙잡고 간곡히 부탁을 하였습니다. 의사 선생님은 병의 완치효과는 환자의 의지력이 70퍼센트이고 나머지 30퍼센트가 의사와 약으로 낫게 된다고 강조하셨습니다.

할아버지는 그런 것도 다 알고 있지만 그래도 의사 선생님은 환자들을 많이 보니 경험으로 환자의 상태를 보고 얼마나 살 수 있는지 알지 않겠냐고 다시 간곡히 자신의 상태를 물으셨습니다.

다음 날, 가족회의 끝에 할아버지의 상태를 할아버지 본인에게 알려드리자고 의견을 모으고 의사 선생님께 부탁하였습니다.

"의료진이 최대한 노력은 하겠지만 병의 진행 상태로 보아 완쾌가 어렵겠습니다."

할아버지는 아무 말씀도 하지 않고 조용히 눈을 감으셨습니다. 한참이 지나자 할아버지는 가족을 불러 그만 퇴원해서 집으로 돌아가 편안한 마음으로 지내고 싶다고 하셨습니다. 할아버지의 생각은 너무나 단호하였습니다.

마음의 준비를 하신 할아버지는 그동안 치료를 해준 의사 선생님과 간호사, 아침마다 병실청소를 해준 아주머니께 감사의 인사를 하고는 퇴원을 하였습니다.

3개월 후 장례식장에서 뵌 영정 속의 할아버지 모습은 너무나 평안해 보였습니다. 아픔 중에도 의연한 모습을 보인 할아버지는 병원에서 퇴원을 하신 후 의사 선생님의 예견대로 3개월이 지나 온 가족이 모여 있는 가운데 조용히 숨을 거두셨습니다.

영정 속의 할아버지뿐만 아니라 상주와 가족, 문상객마저 모두 평안하고 울음소리 대신 도란도란 할아버지에 관한 말로 고인을 위로하였습니다.

병원에서 퇴원하신 할아버지는 가족들에게 그동안 모았던

돈을 주며 앞으로 3개월 동안 토요일, 일요일에 매번 잔치를 벌여달라고 부탁을 하셨습니다.

할아버지는 자신이 죽은 뒤 장례식장에서 가족들이 슬피 우는 것보다 할아버지와 함께했던 좋은 기억들을 떠올리며 당신이 좋은 곳으로 가길 바라는 기도를 드려주었으면 좋겠다고 하셨답니다.

할아버지 생전에는 매주 가족이 모이는 토요일, 일요일이면 죽은 당신의 모습보다는 살아있을 때 얼굴 한 번 더 보는 것이 좋을 거라며 멀리 있는 친척까지 초대를 하셨답니다. 그리고 돌아가는 가족들에게 당신이 손수 쓰시던 물건이나 아끼던 물건, 그리고 난 화분까지 대신 잘 키워달라는 부탁과 함께 모두 나눠 주셨다고 합니다. 지금도 할아버지의 손목시계는 손자의 손목에서 죽지 않고 살아 째깍거리고 있었습니다.

아내요, 엄마이며, 여인이었습니다

한참을 생각하고 나서야 어렴풋이 생각이 나는, 이름도 가물가물한 학창시절의 친구가 어떻게 알았는지 전화를 했습니다. 반가운 것은 둘째 치고 어떻게 집 전화번호를 알았는지 궁금했고, 더욱 궁금하게 한 것은 몹시 주저하며 힘들게 한 말은 꼭 한 번 만나서 미안하지만 어려운 부탁 좀 해야겠다는 것이었습니다. 이틀 후에 집으로 찾아오겠다는 친구와의 약속을 뒤로하고 전화를 끊었습니다.

수화기를 내려놓은 뒤 잠시 머릿속은 상상을 멈출 줄 몰랐습니다.

새삼 그녀를 만나보고 싶어 할 정도로 학창시절 그렇게 친한 친구도 아니었고, 그나마 그 동안 세월이 흘러 이미 기억조차 희미해졌는데 만나러오겠다는 이유가 무엇일까 궁금했습니다.

'경제불황으로 황당하게 당한 퇴직이니 명퇴니 해서 남편 대신 아내들이 생활전선에 뛰어든 가족이 많다던데 혹 이 친구도 그런 처지가 되어 보험을 부탁하려고 오는 것은 아닌지, 아니면 혹 돈이라도 빌려달라는 것은 아닐까, 거짓말을 잘 못하는데 어떻게 찾아온 친구를 섭섭하지 않게 돌려보낼 수 있을까?'하는 생각까지 미치니 머리가 아플 지경이었습니다.

이틀이란 시간은 빨리도 갔고 친구는 약속대로 찾아왔습니다. 염려했던 것과는 달리 옷차림이 아주 우아해서 왠지 집이 누추하게 보여 차려 놓은 다과상에 계면쩍은 웃음을 보냈습니다.

그동안 연락이 없었던 친구는 전업주부로 착한 남편을 만나 아들, 딸 낳고 아주 행복하게 잘 살고 있으며, 가정에 충실하기만 했지 어디 한번 제대로 놀러갔다 온 곳이 없다며 벽에 걸려 있는 해외여행 중에 찍었던 우리 가족사진을 보며 조용히 웃었습니다.

과거 속에 묻혀버린 추억을 꺼내 친구와 시간가는 줄도 모르고 학창시절 이야기도 하며 지나온 시간들을 되찾아 보았습니다.

지난 이야기로 모처럼 크게 웃으면서도 내심으로는 언제 이 친구가 어렵게 부탁하고 싶다는 이야기를 할까 궁금해지기도

했습니다. 차를 마시면서 들뜬 목소리로 한참을 웃으며 이야기하던 친구가 대화가 궁핍해지자 잠깐 침묵을 지켰습니다.

조금 뜸을 들인 친구는 조용하고 차분한 목소리로 언제부터 병원봉사를 하게 되었냐고 물었습니다. 자기도 그런 곳에 가서 봉사를 하고는 싶었는데 엄두가 나지 않아 못했다며 일찍부터 좋은 일을 하게 된 제가 부럽다고 하였습니다. 그리고 낮은 목소리로 그간 사정을 이야기하였습니다.

제가 가는 병원에 위암으로 입원한 어느 남자 환자를 한번 찾아가서 얼마나 아픈지 병세를 알아봐 달라는 것이었습니다. 누구인지 직접 찾아가서 한번 만나보지 그러냐고 했더니 찾아가서 볼 수는 없는 사람이라며 이내 그녀의 목소리가 젖어들었습니다. 그리고는 세상에서 자신만을 위해 산다는 남편이 있고 잘 자라준 아이들이 있는데 마음에 지울 수 없는 사람을 가지고 있다는 것이 죄가 되는 것은 아닌지 모르겠다며 옷깃에 손가락을 꼬며 이내 눈물을 떨어뜨렸습니다.

찾아가 봐달라는 사람은 친구와 결혼 전에 한 동네에 살던 오랜 친구였고, 둘이서는 서로 장래를 약속했지만 남자네 집에서 평범하지 못한 자신의 가족사를 들먹이며 결혼을 반대했다고 합니다. 남자 친구의 누나도 찾아와 자기 남동생을 진심으로 사랑한다면 아들 하나 보고 살아온 자신의 어머니를 봐서라도 헤어져달라고 애걸하였다고 합니다. 그 후 친구는 고향을 떠나왔고 얼마 후 남자친구의 결혼 소식을 들었다고 합니다. 친구는 그 후로도 몇 년이 지나서 나이 많은 남자와 늦은 결혼을 하였다고 합니다.

그런데 지난번 우연히 고향에 들러 이웃들의 소식을 듣다 첫사랑의 남자가 위암으로 병원에 입원했다는 소식을 들었다고 합니다.

살아온 날들 동안 너무나 그리워했던 사람. 늘 가슴 저편 깊숙이 자리하고 있어 한번 만나보고도 싶었던 첫사랑. 하지만 세월에 묻혀 부질없이 늙어버린 자기의 모습을 보여주기 싫고 또 그 사람의 아내도 있는데 선뜻 가본다는 엄두가 나질 않았습니다. 그런데 마침 그 남자가 입원한 병원에 친구가 호스피스 봉사를 하러 다닌다는 소식을 듣게 되어 아주 오랜만이지만 염치불구하고 그 남자의 병세가 어느 정도인지 다시 건강해질 수 있는지 알아봐달라는 부탁을 하러 온 것이었습니다.

순간 20년의 세월이 지나도 첫사랑을 잊지 못하는 그녀의 순수함과, 어려운 부탁이 보험을 들어달라는 것이 아니었다는 사실에 나의 속된 생각은 순간 뒤통수를 얻어맞은 기분이었습니다.

한 남자의 아내로, 아이들의 엄마로 있어야 하는 처지에 첫사랑의 남자를 간직하고 있는 마음이 남편에게는 미안한 일이고, 이런 일을 옛날 친구에게 부탁한다는 것이 무척 어렵고 힘들다면서 흉보지는 말아달라고 했습니다.

깊게 자리 잡고 있었던 마음속의 비밀을 털어 하고픈 말을 다한 그녀의 모습이 한동안 마음에 걸렸습니다.

병원 가는 날, 원목실에서 친구가 찾는 남자의 이름을 암 환자 명단에서 찾을 때는 잠시 호흡하는 것을 잊을 정도로 입안에 침이 바싹 말랐습니다. 다행인지 아닌지 친구가 찾는 그 남자의 이름이 있었습니다.

병실에 찾아가니 친구가 말해준 대로라면 아주 잘생기고 풍채 좋은 남자가 있어야 할 텐데 표시된 나이답지 않게 초로의 모습을 한 노인이 누워있었습니다. 그 후 환자에게 몇 번의 방문을 했지만 아내가 있어서 아무 말도 할 수 없었습니다.

어느 날, 간병하는 아내가 잠시 자리를 비운 사이에 환자에

게 조용히 친구의 이름을 대며 혹시 아느냐고 물었더니 놀라는 표정이 역력했습니다. 남자는 조용히 뒤돌아 앉아 아무 말도 하지 않았습니다. 그런 그의 등 뒤에다 그녀가 찾아오지 못함을 마음아파하며 용기를 내어 어서 완쾌하기를 매일 기도한다는 말을 전해 주었습니다. 벽을 보고 한참을 침묵한 채 듣고 있던 환자가 그녀가 지금 어디 살며 잘 살고 있는지 물었습니다.

아들 딸 낳고 잘 살고 있다고 전해주었더니 전해 줄 수 있다면 자기도 지금은 아프지만 아내와 행복하게 살고 있다고 전해달라고 부탁하였습니다. 그리고 이미 자신은 그녀를 잊은 지 오래되었다고 했습니다.

병원에서 돌아오는 시간에 맞추어 늘 전화를 걸어 소식을 묻는 친구에게 병원에서 들은 이야기 중에 차마 궁금해 하던 첫사랑의 남자가 널 이젠 잊었다더라 하는 이야기만 빼고 그가 한 말을 다 전해 주었더니 눈물을 흘리는지 젖은 목소리가 되어 더듬거리며 말했습니다. "정말 고마워."

환자는 그녀를 잊은 지 오래 되었다고 하면서도 아내가 잠시 자리를 비우면 그녀가 여전히 잘 살고 있는지, 지금도 자기 안부를 궁금해 하는지 물었습니다. 그리고 친구가 자기의 병세를 물으면 날로 호전되어 건강해지고 있다고 전해달라고 부탁을 하고는 내가 모르고 있었던 지난날의 친구 모습을 간간이 들려주었습니다. 그냥 보기엔 평범한 모습의 그녀가 이 남자에게는 그렇게 아름답고 마음 착한 여자였을 줄이야! 이 남자의 가슴에 평생 남아 있는 여자가 되어 있으며, 그렇게 무심히 한마디 말도 없이 자기 곁을 떠날 줄은 몰랐다는 원망의 마음도 함께 간직하게 만들었다니….

사실은 그가 아프기 전까지는 한순간도 그녀를 잊은 적이 없었노라고 고백하였습니다. 그러면서 아내 몰래 첫사랑을 너무 깊이 간직하고 있어서 이런 병이 벌로 생긴 것이 아닌가 하고 자책하였습니다. 그래서 이제는 첫사랑의 여인을 마음에서 떠나보내고 아픈 자기를 위해 고생하는 아내에게 잘해주고 싶다고 하였습니다.

병원에서 돌아오는 길에 내려야 할 곳도 잊은 채 고민에 빠졌습니다. 친구에게 '그 남자가 죽어도 널 잊지 못한다고 전해야 하나, 아님 이제 널 오래 전에 완전히 잊었으니 정신 차리고 너도 그를 보내야 한다는 말을 해야 하나, 어떤 말이 친구의 마음을 덜 아프게 하는 것일까?' 이런 생각을 하는 동안 남이 울면 덩달아 울음이 나오는 제 마음이 알싸하니 아프고 슬퍼졌습니다.

엄마의 가슴 속 아들

창밖에 비가 부슬부슬 내리면 아무리 환기가 잘되어 있어도 병원냄새가 납니다. 이런 날은 환자들이 우울해지지 않도록 일부러 환한 옷을 챙겨 입고 집을 나서기 전에 거울을 보고 활짝 웃어도 봅니다. 웃음이 어색해 또 다시 웃어보고, 거울을 보고 손가락으로 머리에 원을 그립니다. 남들이 보면 '혹시 정신이상 아냐?'라고 생각하면서.

저희들은 병실을 돌기 전에 환자들을 위한 기도와 신부님과 수녀님의 간단한 훈화를 듣는데, 비오는 날의 원목실 분위기는 다른 날보다 목소리가 한 옥타브씩 높은 듯합니다.

우리들은 단골 환자를 먼저 찾아뵈고, 새로 명단에 올라온 환자들을 찾아뵙니다. 환자들은 가운을 입고 새로 등장하는 사람들에게 늘 약간의 낯선 경계심과 어색함 그리고 때로는 무관

심으로 대합니다.

나이가 예순 정도 된 환자가 있었습니다. 겉보기에도 너무나 힘이 들어 보이고 약해져있어서 말을 붙이기가 어려웠습니다. 그렇지만 같은 종교를 믿는다는 공통점으로 대화의 창구를 마련해 가까워질 수 있었습니다. 이야기 중에 환자는 "나는 이렇게 비가 오는 날이면 참 맴이 스산해요."라고 하셨습니다. 그러자 곁에 있던 딸이 어머니의 뒷말이 뭔지 눈치를 채고는 "엄마! 이제는 그만 하셔야지. 그래서 병이 빨리 낫지 않고 엄마만 더 괴로운 거예요. 이젠 잊어버리고 지워버리세요."라고 말했습니다. "그래, 머릿속에는 벌써 잊어버렸는데, 마음속에는 아직도 남아 나를 괴롭히는구나."하시며 한숨을 지었습니다.

어느 날, 군대에서 막 제대한 아들이 여자 친구의 전화를 받고 나갔다가 한 시간도 못되어 병원에서 연락이 왔습니다. 교통사고를 당해 병원에 도착하기 전에 이미 사망했답니다. 종손이고 외아들인지라 더욱 극진했는데, 뜻밖의 비보에 어머니는 실신을 하고 말았습니다.

그 후 몇 년이 지났어도 가을만 되면 우울증이 심해져서 병원에 입원을 하게 된답니다. 지금도 지나가는 사람을 붙잡고 "어떻게 멀쩡히 길을 가다 뺑소니차에 치어 죽을 수가 있어요? 친구가 차에 치었는데 애를 친 차를 놓쳤단 말이에요?" 라고 묻고 다닌다고 합니다. 이제는 토씨 하나 안 틀리는 녹음테이프라고 합니다.

아들의 죽음은 이토록 엄마의 가슴에 한이 되어 응어리가 되었습니다. 그러나 이제는 딸이 수녀가 되는 바람에 용서란 단어를 알게 되었습니다.

"이제는 용서합니다. 단지 아들을 죽인 그 운전사 얼굴 한번 보았으면 좋겠어요. 어떻게 그럴 수가 있었냐고 이 한마디만 묻고 싶어요. 그 기사가 누구인지 얼굴 한번만 보면 정말 다 용서할 수 있을 것 같아요. 이렇게 비가 오는 날이면 죽은 아들이 생각나서 내 맴이 아프답니다."

"이미 용서를 해주셨다면 안 보고 용서해줄 수는 없나요? 안 보고도 용서를 해야 진짜 용서를 해주었다고 할 수 있을 것 같은데…."

"그래 알고 있어요. 머리로는 용서를 했는데 가슴으로는 잘 안 돼요. 그래서 더 아프답니다. 아들을 죽게 한 운전사보다 하느님을 믿으면서도 용서하지 못하고 마음에 담고 있는 나를 용서하지 못해 더 괴롭답니다. 나 때문에, 나 때문에…."

마지막 인사는 슬픔입니다

오랫동안 만났어도 금방 잊히는 사람이 있는가 하면, 잠깐 만났어도 평생 잊지 못하는 사람이 있습니다.

살고 싶다는, 살아야 한다는 강한 생존본능을 접어야 하는 환자와의 만남은 살아가면서 잊지 못할 슬프고도 아픈 추억입니다. 만남은 설레고 아름답지만 고통을 겪고 있는 환자와 환자가족과의 만남은 아픔부터 시작됩니다.

경험하는 것이 가장 빠른 이해의 지름길이라지만 아픈 것은 경험할 수도 없는 일이고 보니 고통의 무게는 환자가 아프다고 하는 표현으로 미루어 짐작할 수밖에 없습니다. 정말 뭐든 해주고 싶은데 그들에게 정말 필요한 것은 고통에서 회복되는 건강뿐이니 정말 안타깝습니다.

그럴 때는 하느님께서 허락하신 고통은 좋은 것도 함께 가져다주었고 베토벤은 고통 속에서도 운명 교향곡을 만들었다고 말씀드립니다. 베토벤도 듣지 못하는 것은 커다란 고통이었지만 훌륭한 음악을 탄생시킨 원동력이 되지 않았겠냐고 말입니다. 그러면 침묵하거나 소리 없이 미소를 짓습니다.

환자들의 마음을 헤아려보려고 애쓰며 환자의 나이에 맞게 화제를 선택하여 물을 때 건강했던 과거의 추억 속에 간직한 생각의 날개를 펼칩니다. 아직도 한때 바람을 피웠던 남편을 용서 못하고 가슴에 담고 있는 환자도 있고, 고부간의 갈등을 접어두지 못하고 가슴속에 응어리를 가지고 있는 환자도 있습니다.

그런데 보기에도 참 깐깐하게 생긴 오십대의 여자 환자를 보면서 신앙을 갖고 있는 게 참 다행이라는 생각을 갖게 되었습니다.

환자는 위암 말기로 생이 얼마 남지 않았습니다. 얼마나 고통이 심하냐는 물음은 부끄러운 물음이지요. 그냥 그분 앞에 가면 입이 다물어집니다. 가만히 곁에 앉아서 손을 잡아 드리면 반갑다고 하시며 마른 입술로 오히려 우리를 위해 기도해주십니다. 나중에 기도가 끝날 무렵에서야 당신을 위한 기도를 하십니다.

"주님! 저를 불쌍히 여기소서!"

그리고 저희 봉사자들에게는 천국에 오려거든 천천히 오라고 하십니다. 와서 당신 이름 대고 찾으면 아마 한자리하고 있을지 모르니 잘 보이라고 말입니다.

"무섭거나 두렵지 않으세요?"하고 물으면, "누구나 다 가는 길을 먼저 갈 뿐인데 무서울 게 뭐가 있겠어요." 하십니다.

환자는 집에 가서 임종을 맞고 싶어 하였습니다. 보호자들도 환자의 말을 존중하기로 하고 의사 선생님의 허락을 기다리고 있는 중이었습니다.

병실로 향하는 발걸음은 다리에 모래주머니를 매단 것처럼 무거웠습니다. 병실에 들어서니 환자는 반쯤 일어나 앉아 있고, 식구들이 모두 둘러서 있었습니다.

환자는 한 사람 한 사람에게 악수를 청하였습니다. 그리고 그동안 고마웠다는 말을 잊지 않았습니다.

"고맙습니다, 고마웠습니다."

일상적인 인사가 아니라 이 세상에서의 어쩌면 마지막 인사인 것 같아 모두들 숙연한 표정이었습니다. 마지막으로 우리들의 기도와 성가를 듣고 싶어 하셔서 서로 손을 잡고 간단한 기도와 성가를 불렀습니다.

마지막은 늘 슬픔이고 아픔입니다. 더욱이 다신 볼 수 없을 것 같은 이승에서의 마지막 인사의 나눔은 더욱 슬프고 아픕니다.

눈물 속에 발음도 정확하지 않게 불렀지만 가시는 분은 우리가 부른 노래의 의미를 아시는지 조용히 눈을 감고 듣고 계

셨습니다.

"만날 수는 없어도 어느 하늘아래 살고 있겠지?" 하고 기대할 수도 없는 이승에서 다시는 만날 수 없을 것 같은 분과의 마지막 인사는 언제나 눈물입니다.

4장

그립습니다

고통이 없는 사랑도 없습니다.
상처 없는 사랑은 없습니다.
그리고 눈물 없는 사랑은 없습니다.
하지만 우리는 사랑하고 있습니다.

인연의 끈을 차마 놓지 못한 엄마

그녀는 의학적 병명으로는 간암이었지만, 우리는 그리움이 사무쳐 생긴 병인 거라고 나름대로의 진단을 내렸습니다.

그녀를 처음 만났을 때는 병실 밖에서 매미가 짧은 쉼표를 찍으며 쉴 새 없이 울고 있던 한여름이었습니다. 첫 만남은 늘 서먹하고 어색한 법이지만, 시작이 없는 만남이 없기에 조심스레 그녀 곁에 잠시 머물렀습니다.

항상 눈을 감고 누워 있는 그녀는 혼잣말로 "아마 군대에 갔을 거야!"라며 길게 한숨을 내쉬다가 곁에 서 있는 우리를 보고 두 눈을 감았습니다. 다시 그녀를 만난 것은 그로부터 일주일이 지나고 난 뒤였습니다. 그녀는 자존심 때문인지 처음에는 말을 꺼내지 않았으나 차츰 말문을 열었습니다.

그녀는 남매를 두었으며 남편과는 별거 중이었습니다. 남편의 폭력이 무서워 맨몸으로 집을 나와 파출부와 식당일을 하며 한동안 지내다가 아이들이 너무 보고 싶어 다시 집에 들어갔지만, 더욱 심해진 남편의 폭력을 견디지 못하고 다시 집을 나와 십 년 세월을 혼자 살았다고 합니다.

아이들이 보고 싶어 남편 몰래 아이들을 만나면, 그 날은 아이들이 아버지로부터 혹독한 매를 맞았기 때문에 아이들도 마음대로 만날 수가 없었습니다. 그녀의 말을 듣고 나서야 저는 그녀를 처음 만났을 때 혼잣말로 "군대에 갔을 거야!"라는 말뜻을 이해할 수가 있었습니다. 엄마가 자식을 그리워하면서도 만나지 못하고 자식의 성장을 상상하는 엄마의 마음에 가슴이 아팠습니다.

가진 것이 없어 걱정하고 있는 그녀에게 어떻게 도움이 될 수 있을까 고민하다가 원목실 수녀님께 말씀드렸습니다. 그렇지만 호적에는 아직도 남편과 정리가 안 된 상태여서 병원 사회사업과에서는 도움을 주기가 어려웠습니다.

저는 그녀의 딱한 사정을 보며 학창시절 선생님께서 '여자는 남편을 어떻게 만나느냐에 따라 호칭이 달라진다.'고 농담 삼아 해주셨던 말씀이 떠올랐습니다. 남편의 지위에 따라 여사님, 사모님, 부인, 마누라, 여편네로 불리는데, 누구의 부인 정도는 그래도 들을 만하지만 누구의 마누라나 여편네는 안 좋으니 열심히 공부하라던….

하지만 막상 졸업을 하고 보니 여자의 운명이 공부와 상관이 없을 때도 있는 것 같습니다. 이렇게 똑똑한 여인도 남편보다 잘나 보인다는 이유로 구박을 받고 슬픈 하루하루를 보내야 하는 것을 보면, 그때 선생님 말씀이 딱히 맞는 것은 아니라는 생각이 들었습니다.

저는 생각 끝에 형제들에게 연락해서 환자가 너무나 보고 싶어 하는 아이들을 데려다달라고 했지만 거절을 당했습니다. 그러는 동안 그녀는 더욱 쇠약해져 헛소리로 계속 아이들을 불렀습니다. 애간장을 녹이는 애달픈 목소리로 말입니다.

다시는 가면 못 올 길로 가는 아이들의 엄마인데 한번 만나게 해주자는 우리의 간곡한 부탁으로 엄마는 마침내 아이들을 만나게 되었습니다. 십 년이 되도록 지척에 두고도 만날 수 없었던 엄마와 아이들은 할 말을 접어둔 채 서로의 얼굴을 비비며 눈물로 한을 이야기했습니다.

그녀는 마음의 병이 깊으면 몸에도 이상이 온다는 걸 일깨워준 환자였습니다. 부모와 자식 간의 인연은 참으로 소중한 인연이지만 전생에 빚진 인연이니 서로 갚아 주어야 한다는데, 여인은 끝내 인연의 끈을 놓지 못하고 그렇게 가야 했습니다.

거짓을 말하려하니

주어진 시간이 얼마 남지 않은 말기 암인데도, 자신의 병명도 모르고 있는 환자를 보면 가슴 한편이 회색으로 물듭니다.

의사 선생님과 간호사가 하는 말로도 대충 눈치를 챌 수도 있을 텐데 차마 인정하고 싶지 않은 마음에서인가 봅니다. 아니 알면서도 모른 척하는 건지도 모를 일입니다.

의사 선생님도 보호자가 환자에게 얘기를 해서 마지막을 준비해야 한다고 하지만 가족들은 차라리 모르게 해달라고 부탁을 합니다. 그래서 마지막 임종자들의 친구인 우리들의 방문이 탐탁지 않아 그냥 조용히 지나쳐 주기를 원합니다. 그런 환자를 대하면 '한치 앞을 모르는 우리네 인생'이라는 말이 떠오릅니다.

자신은 병원에서 퇴원하면 올가을에는 트렌치코트를 꼭 사

입고 싶다는 말로 시작해서 나가면 먹고 싶은 음식 실컷 먹고 이젠 종교도 가져볼 거라고 기대합니다. 하지만 시간은 부질없이 흘러갑니다.

가족이 병명을 알려주지 않아 환자 자신이 준비할 시간을 잃고 떠나가기도 하지만 환자 스스로 끝내 병을 인정하지 않고 그냥 떠나기도 합니다. 그러나 환자가 자신의 병을 알고 의사 선생님과 보호자가 삼위일체, 한마음이 되어 예견한 시간보다 더 오래 생을 누리기도 하고, '오진이 아니었을까'하는 생각이 들 정도로 건강이 회복되는 환자도 있습니다. 그러고 보면 아무리 깊은 병도 마음이 치료약일수도 있나 봅니다.

아프게 되면 몸도 약해지지만 귀도 약해져 남들이 조금이라도 효과를 보았다면 약이란 약은 다 사다가 먹고 병원보다도 민간치료를 받겠다고 퇴원한 후 병이 더 악화되어 다시 병원으

로 오는 환자도 가끔 있습니다.

그러나 지금도 가끔 망설일 때가 있습니다. 환자가 병명도 모른 채 시간도 얼마 남지 않았는데, 식구들이 하는 거짓말(?)만 믿고 있을 때는 더욱 망설여집니다.

아무것도 모르는 척 아내는 남편에게 말을 전합니다.

"당신은 병도 아니래! 몇 달만 잘 요양하면 좋아진대."

그러면 환자인 남편은 아내가 모르는 줄 알고 또 거짓말을 합니다.

"내가 나가면 밍크코트 사줄게."

알면서 가슴속으로 슬픔을 묻어둔 채, 눈은 울고 입은 억지 미소를 짓는 젊은 부부를 볼 때는 차라리 '말 못하는 사람들이 이럴 때는 좋겠구나!'하는 생각이 듭니다.

환자에게 무슨 병인지, 시간이 얼마 남지 않았다고 말을 해야 하나 말아야 하나 하는 망설임 속에 서로가 알면서도 말하지 못하고 서로의 눈을 피해 벽을 향해 슬픔을 묻고 눈물 속의 말을 해야 하는 환자와 보호자의 마음을 보는 우리 가슴도 타들어갑니다.

내 몸 하나
좋은 곳에 쓰고 싶었는데

제가 가는 병원은 영등포라는 재래시장을 통해 가야 합니다. 시장은 삶의 현장이라고도 하듯이 늘 많은 사람으로 북적거립니다.

시장을 지나다 보면 가끔 조그만 수레에 카세트테이프와 수세미 몇 개를 싣고 팔러 다니는, 약간은 몸이 불편한 청년도 만납니다. 저희 병원 원목실에 자주 놀러오는 청년이라 그를 만날 때면 무척 반갑습니다.

원목실에는 신부님, 수녀님이 계시기 때문에 가끔 상담을 하러 오거나 지나는 길에 들르는 사람들도 있습니다. 늘 열려 있는 문이거든요.

어느 날, 우연히 방문한 한 젊은 청년의 모습이 가슴속에 남아 있습니다.

가끔 바람처럼 방문하여 우리들과 차도 마시고 농담도 하는 사이가 되었을 때입니다.

청년은 부모의 얼굴도 모르는 고아이고, 원양어선을 타기 때문에 한번 배를 타고 나가면 몇 달씩 바다에 있다가 돌아오곤 하였습니다.

청년이 몸살 기운에 병원에 들렀는데, 병원 대기실에서 지나가는 환자들을 보고 '그동안 나는 부모도 없는 고아여서 혼자서 모든 걸 해결하며 먹고 살아야 하기 때문에 세상에서 내가 가장 불행한 사람이구나.'라고 생각했는데, 그래도 건강하니 참 행복한 사람이었구나! 하고 느껴지게 되었다고 합니다.

청년은 가끔 시간이 남으면 병원 대기실에서 TV도 보고 영안실에도 가보던 중에 원목실에 방문하게 되었다고 합니다.

혼자 살아온 시간이 표가 나지 않게 맑은 사람처럼 보였고 말투며 목소리가 조용했습니다. 그 청년은 가끔씩 방문하여 인사하고 차를 마시고는 뒷모습을 보이며 사라지곤 했다가, 또 배를 탔는지 몇 달간 보이지 않다가 불쑥 나타나곤 했습니다.

그러던 어느 날, 수녀님과 면담을 요청하여 많은 이야기를 나누는 것 같았습니다. 나중에 들은 이야기지만 자기가 혼자 이만큼 성장하고 살아온 것은 다 남의 도움으로 살아온 것 같아서 이제는 자신도 남을 위해 무엇인가를 하고 싶다는 생각이 들었다고 합니다. 그리고 가진 것은 없어 줄 수는 없으나 자기

의 몸을 기증해서 생명을 살리고 싶다고 하였습니다.

수녀님께서는 혼자 사는 청년의 처지를 잘 아는지라 몸이 재산일지도 모르는 청년에게 좀 더 심사숙고하여 결정을 내리라고 하시며 생각할 시간을 조금 더 가져보라고 하셨습니다. 그 이후로 몇 달 동안 청년은 원목실에 나타나지 않았습니다. '또 배를 탔겠구나' 생각했습니다.

어느 정도 시간이 흘렀을까요. 전에 그랬던 것처럼 청년은 빙긋이 웃으며 다시 우리 앞에 건강한 모습으로 나타났습니다. 그의 생각은 처음과 변함이 없었습니다. 수녀님과 다시 이야기를 나누고 환히 웃으며 나오는 청년의 모습에 '소원대로 일이 잘 진행되는구나'하고 그런 결정을 한 청년을 대견스럽게 생각했습니다.

며칠 후 원목실에서 함께 일하는 동료한테 그 청년의 소식을 물었습니다. 그런데 "그 사람 이제 다신 안 올 걸요?"하는 것이었습니다.

자신의 신체를 기증하려면 보호자나 남편, 아내의 동의가 있어야 하는데 고아이고 보니 동의할 사람도 없고, 또 혹시 나중에 돈이라도 요구할까봐서 각서를 쓰자고 하는 등 청년의 순수한 동기에 맞지 않게 세상은 청년을 더 외롭게 만들었던 것입니다.

자기 몸 하나 좋은 곳에 쓰고 싶어 하는데, 절차가 복잡하고 동기조차 희석이 되고 보니 마음의 상처만 더 커졌을 거라는 생각이 들었습니다.

그 이후 한 번도 그 청년을 병원에서 보지 못했습니다.

하느님은 어디에 계세요

병실을 돌며 환자들과 인사를 나눕니다. 그때마다 환자들에게 "하느님은 고통을 주시려고 하는 게 아니라 허락하신 고통은 더 좋은 것을 주시려는 것인지 모릅니다."하고 말합니다. 그리고 예수님께서 행하셨던 산상수훈 중에 '참된 행복'이란 말씀도 전합니다.

> 마음이 가난한 사람은 행복하다.
> 하늘나라가 그들의 것이다.
> 슬퍼하는 사람은 행복하다.
> 그들은 위로를 받을 것이다.
> 온유한 사람은 행복하다.
> 그들은 땅을 차지할 것이다.

옳은 일에 주리고 목마른 사람은 행복하다.
그들은 만족할 것이다.
자비를 베푸는 사람은 행복하다.
그들은 자비를 입을 것이다.
마음이 깨끗한 사람은 행복하다.
그들은 하느님을 뵙게 될 것이다.
평화를 위하여 일하는 사람은 행복하다.
그들은 하느님의 아들이 될 것이다.
옳은 일을 하다가 박해를 받은 사람은 행복하다.
하늘나라가 그들의 것이다.

그러던 어느 날, 이 말을 조용히 듣고 있던 한 환자가 말했습니다.

"저도 아프지 않을 때는 날마다 읽었던 구절이에요. 그런데 막상 아프고 보니 '내가 무슨 죄를 지어서 이런 병을 주시는지. 하느님도 너무하시지!'하는 원망이 들고, 수녀님이나 봉사자들이 와서 기도해주시지만, 나를 이 지경으로 만든 하느님이 더 원망스럽더라고요. 세상에 태어나 남에게 악한 일 한 적 없는데도 말이에요. 그리고 남은 아파죽겠는데 와서 기도해 주겠다고 하는 봉사자들을 보면 '니들도 이렇게 한번 아파 봐라! 기도가 나오나'라는 생각이 듭니다."

맞습니다! 맞습니다! 맞아요.

너무나 고통스러운데 기도하자고 하는 저희가 잘못이지요. 환자 자신은 너무나 고통스러워서 신음소리 흘릴까봐 이불을 물고 있는데 말입니다.

이 고통, 이 상처로 인해 얼마나 아픈지도 모르면서 기도하자는 사람 있으면 붙잡고 싸우고 싶다는 환자도 있었습니다. 때로는 기도보다 함께 원망하고 함께 화를 내고 돌아섭니다.

"정말 하느님은 어디에 계시고, 하느님의 뜻은 무엇이고, 우리를 사랑하신다면서 이 고통은 뭐예요?"

고통스런 이들에게는 기도나 위로보다 때로는 아픈 이들의 화풀이 원망과 슬픔에 동참합니다. 그들의 고통이 줄어든다면 어디 화만 내겠습니까?

나보다 더 한 이들에게서 위로를

어떤 분이 퇴임하면서 이런 말을 남겼습니다.

"매일매일 날씨가 좋으면 사막이 되고 맙니다. 비바람은 거세고 귀찮은 거지만 그것 때문에 새싹이 돋아납니다. 우리 앞에 바람이 불 때 우리의 소임이 무엇인가를 되새기면서 참고 견디면 좋은 날은 반드시 올 것입니다."

늘 우리가 행복하고 즐겁기만 하다면 아마 우리는 따뜻한 가슴을 잊고 살아가야 할지도 모른다는 생각이 들었습니다. 아픔과 고통이 있기에 자신을 돌아볼 기회도 생기고, 무심코 '나만은 괜찮겠지'하고 돌보지 않고 바쁘게 생활했을 때 병으로 인해 잠시 쉼표도 찍을 수 있는 것 같습니다.

공장에서 일하다 손에 화상을 입어 몇 번의 수술 끝에 결국은 손가락을 절단했던 여자 환자가 있었습니다.

자신이 세상에서 가장 불행하다고 언제나 불평만 늘어놓아 함께 병실을 사용하는 사람들은 그녀의 눈치를 봐야만 했습니다. 그녀의 불평과 불만은 모두의 마음을 얼어붙게 했고 병실은 그녀로 인하여 늘 회색이었습니다.

"손가락도 없는 병신이 살아서 뭐하겠어?"하며 그녀는 세상에서 제일 불쌍한 여자로 스스로를 전락시켰습니다. 사람들은 그녀를 피해 눈도 맞추지 않으려 하고, 그녀 곁에 가는 것조차 싫어했습니다.

그러던 어느 날, 그녀가 밝고 명랑한 환자의 모습으로 돌아왔습니다. 병실의 환자들에게 말도 붙이고 다른 사람을 위해 물도 떠다주고, 스스로 알아서 더 아픈 환자를 위로해 주었습니다. 이젠 친구들도 만나보고 싶다며 거울을 들여다보곤 했습니다.

"장애인은 태어날 때부터 장애가 있는 사람도 있지만 살다가 뜻하지 않게 장애를 가진 사람도 있으니 부끄러울 것도 창피할 것도 아니고, 우리 모두가 어쩌면 급박한 이 세상에서는 준비된 장애인일지도 모르니 내가 이렇게 된 일이 상심하고 슬퍼할 일만은 아닌 것 같아요."라고 묻지도 않은 말을 하였습니다.

그렇게도 위로하고, 기도하고, 달래려고 애를 써도 불평만 늘어놓던 그녀가 변한 이유를 도무지 알 수가 없었습니다. 똑같은 환경과 고통 속에서 그녀가 마음을 달리 먹을 이유가 없는데 참으로 신기한 일이었습니다. 그런데 가만히 살펴보니 그녀 옆자리의 환자가 다른 사람으로 바뀌었습니다. 화상이 심해서 붕대로 칭칭 동여매고 미라처럼 된 상태로 중환자실에서 일반병실로 옮긴 것입니다. 그러고 보니 그녀의 상처가 더 나아진 것도 아니고 처음이나 지금이나 똑같은데, 자기보다 더한 고통을 당하고 있는 그 환자를 보고 위안을 받은 것 같았습니다.

그녀뿐만 아니라 우리들도 '왜 나만 불행할까?'라고 생각하다가 나보다 더한 고통을 가진 사람을 보면서 왜 위로와 위안을 삼게 되는지 솔직히 모르겠습니다.

진정 다 버리고 떠날 수 있을까

일렉산디 대왕의 유언은 자신의 관에 구멍을 뚫어 두 손을 보여 주는 것이었습니다. 살아생전에 세상을 거머쥔 그였지만 죽을 때는 빈손으로 간다는 것을 보여주라는 뜻이지요.

또 정신과 의사인 이시영 박사는 '이왕 이름을 남길 바에야 산골짜기 묘비가 아니라 공원의 벤치라도 하나 기증해 이름을 새기는 게 낫다.'고 하셨답니다.

마지막 길을 가면서도 당신의 몸마저 기증하고 정말 빈손으로 가는 사람이 있는가 하면, 마지막까지 버리지 못하고 육신의 아픈 고통 중에도 가지고 있는 재산 때문에 정신적인 병까지 병에 병을 더하는 사람도 있습니다.

우리가 아무리 다른 게 많아도 건강이 최고이니 마음을 비우라고 말씀드려도 이 사람 저 사람을 원망하며 아름답지 못하게 마지막을 맞는 환자도 있습니다.

어느 남자 환자가 있었습니다.

그분은 세상에서 말하는 일류대학의 최고 학벌과 좋은 직장에 다녔는데, 어느 날 건강진단을 받으러 왔다가 온 그날부터 입원해서 세상을 떠나는 그 날까지 신발을 신고 병원 밖에 나가보지 못했습니다.

환자는 병문안 오는 사람들 모두에게 "내가 죽으면 장례식에 와줄 수 있겠나? 내가 묻히는 장지까지 따라와줄 수 있겠나?"라는 질문을 늘 하였고, 나중에 꼭 오겠다는 확답을 받은 후에야 안심을 하곤 했습니다.

병실에서 그 환자를 대하면 늘 친구가 판검사고, 친구의 친구가 잘 나가는 국회의원 보좌관이고, 형이 전에는 무슨 일을 하였다는 이야기뿐이었습니다. 마음의 준비를 하고 가족과 진지한 대화도 나누어야 할 텐데, 늘 과거와 남의 잘난 맛에 나도 잘나 보일 거라는 생각이 드는지 만나면 잘나간다는 주위 사람들의 말뿐이었습니다.

그렇지만 그분은 주위의 잘나가는 사람들과 상관없이 혼자서 외롭게 세상을 떠나갔습니다. 약속을 하기도 하였지만 늘 뵙던 분이라 장례식에 참석했습니다. 연락을 받은 사람들은 정말 다들 왔는지 어지간한 영안실인데도 무척 비좁아 보였습니다.

발인 날, 장지로 가는 길은 검은 차의 행렬로 줄을 이었습니다. 공원묘지에 도착하니 그 근처에 사시는 할머니 한 분이 다가와 물었습니다.

"서울에서 높은 양반이 돌아가셨수?"

돌아가신 분이 어쩌면 끝까지 듣고 싶어 하였을 질문일지도 모릅니다. 결국 사람들은 마지막까지 버리지 못한 그분의 허울과 겉모습을 땅에 묻어드렸습니다. 돌아오는 길에 "나는 진정으로 다 버리고 갈 수가 있을까?"라는 물음을 던져보았습니다.

지금은 서로 사랑할 때입니다

여섯 명의 환자가 함께 생활하는 병실에는 사연들도 가지각색입니다. 때로는 한 가족처럼 어제보다 조금이라도 나아진 환자가 있으면 자기 일처럼 좋아하고, 차도가 없어도 용기를 잃지 말라고 등을 토닥거려줍니다.

화상을 입어 얼굴이 변해버린 스무 살 아가씨는 처음 보는 사람에게도 늘 설명을 합니다.

“제가 오빠 잔치를 앞두고 가스레인지 앞에서 음식을 만들다가 가스가 폭발해서 이 지경이 되었지만, 한때는 미스코리아 한 번 나가보던지 아니면 모델을 하라고 말하는 사람들이 많았어요.”

정말 변해버린 그녀의 얼굴 뒤에는 예쁜 얼굴이 있었을지도 모른다는 생각에 그녀의 말을 믿고 싶어집니다.

창가 쪽에 누워 있는 아저씨는 무슨 일을 하셨는지는 모르지만 검은 양복을 입은 어깨 넓은 청년들이 밤을 지새워주고 다른 보호자는 잘 보이지 않았습니다. 가슴에서부터 시작한 승천하는 용무늬의 문신이 환자의 직업을 미루어 짐작할 수가 있었고, 고마움의 표시로 다른 사람들이 주는 음료수는 거절을 해도 평소에는 말이 없다가 "어허, 음료수가 아니라 정이라니까요."라고 말하면 이 환자가 주면 안 받았다가는 왠지 불호령이 내릴 것 같아 손에 쥐어준 대로 받고 맙니다.

그리고 옆에 나란히 두 남자가 누워 있습니다. 두 남자도 화상으로 입원했는데, 한 환자는 자주 방문하고 싶은 생각이 들지만 그 옆의 환자에게는 어쩌면 의무감이나 책임감으로 갈지도 모릅니다.

정도의 차이는 있지만 똑같은 처지이건만 한 남자는 어떤 일이든 긍정적이고 방문하는 모두에게 농담도 잘하고 웃기도 잘합니다. 그래서인지 얼굴 혈색도 좋아지고 병도 많은 차도를 보이는 것 같았습니다. 그런데 그 옆의 환자는 "왜 나한테는 봉사자들이 방문을 해도 기도도 짧게 해주고, 간호사도 나한테는 주사를 더 아프게 놓는 거예요?"하며 사사건건 불만이 많았습니다. 늘 찡그린 얼굴에 불만투성이니 사실 의무적으로 방문을 하게 되지 마음에서 우러나오는 기꺼운 방문이 제대로 안 되었습니다.

또 다른 환자는 고혈압으로 쓰러지기 전에는 의사였다고 합니다. 수족을 제대로 못 움직이니 많은 손길이 필요한 환자였습니다. 보호자인 아내는 당신 남편이 쓰러지기 전에는 주말이면 늘 골프와 여행으로 시간을 보냈다며 지난날 호화스러웠던 생활을 자주 들려주었습니다. "지금도 아프지만 않았더라면 아마 해외로 여기저기 다닐 텐데."라며 아쉬워하였습니다. 그분의 말을 들으면 '남을 위한 일 같은 것은 한 번도 생각해본 적 없이 자기 자신만 너무도 재미있게 살아왔구나.'하는 생각이 들었습니다.

환자인 남편의 머리 좀 감겨 달라, 이쪽저쪽으로 돌아눕는데 도와달라는 등 늘 남의 도움만 받고 살아온 탓으로 혼자 할 수 있는 일이 별로 없는 듯한 보호자는 우리들에게 많은 요구를 하였습니다. 보이지 않는 그녀의 마음속에는 '나는 ○○인데'라며 남이 알아주길 바라는 마음이 있는 것 같았습니다.

원효대사가 조용한 시골의 작은 절을 방문하게 되었을 때 일입니다.

본인이 원효임을 감추고 작은 절의 주지에게 며칠 머물다 가기를 청하자 주지는 받아들이고 객승의 몫으로 땔감을 해오는 일과 공양시중을 시켰습니다. 그런데 원효 스님이 가만히 보니 학승들이 자신의 책으로 공부를 하고 있으나 제대로 이해하지 못하고 있고, 주지는 매일매일 방에서 빈둥대고 누워서

누룽지만 먹어대고 있어 한심한 생각을 갖게 되었습니다.

'그래도 내가 원효인데'라는 마음에 그 절을 떠나려 했으나 주지는 자기가 본 객승 중에 제일 일을 잘하는 것 같으니 더 머물다 떠나라고 붙잡았습니다.

그 후 3년 동안 '내가 원효인데'라는 마음을 지닌 채 견디다가 마침내 아무도 모르게 도망치려고 새벽에 작은 절을 빠져나와 한참을 줄행랑치고 있는데 뒤에서 "원효야!"라고 부르는 소리가 들려 뒤돌아보니 작은 절의 주지스님이었습니다. 순간 원효 스님은 깨달은 바가 컸다고 합니다.

우리가 때때로 세상의 고통 받는 이들과 함께 하지 못하는 이유는 내 안에 '나는 ○○인데'라는 마음 때문이라는 생각이 들었습니다. 혹시 내가 봉사자로서 게으르거나 마음이 우러나오지 않는 이유가 내세울 것도 없지만 그래도 '나는 ○○인데'라는 마음에서 그런 게 아닌가 하는 생각을 해봅니다.

병실에는 사연이 많습니다. 그리고 몸이 아픈 이유와 마음이 아픈 사람들이 모여서 그런지 그들의 우애는 늘 각별합니다. 예전에 병실 한편을 쓰고 퇴원한 환자가 '지금은 사랑할 때입니다'라고 쓴 낙서가 늘 의미 있게 느껴집니다.

엄마! 우리 꼭 다시 만나자

엄마와 손을 잡고 병원 주위를 돌다가 아이가 엄마에게 물었습니다.

"엄마 영안실이 뭐야?"

"으응, 하늘나라 가기 전에 잠깐 쉬었다 가는 곳이야."

"그럼 엄마! 난 언제 하늘나라에 가?"

"한 이백 년이 지나면 하느님께서 오라고 하시겠지?"

"그럼 그곳에 가면 엄마 만날 수 있어?"

"그럼, 엄마는 너보다 더 먼저 가서 기다리고 있을 거야."

"엄마! 그런데 갔다가 다시 올 수 있어?"

"착하고 예쁘게 살면서 하느님께 '다시 세상으로 가고 싶어요'라고 말씀드리면 보내주실 지도 몰라."

"그럼 엄마, 우리 꼭 다시 만나자. 난 끝까지 엄마 아들 할래."

아이는 엄마 손을 잡고 병실로 돌아와 병정놀이를 하였습니다. 입으로 "팅야 팅야"하며 장난감 총을 쏩니다. 총에 맞은 엄마가 먼저 죽는 시늉을 합니다.

하나, 둘, 셋…!

숫자 열을 셀 때까지 일어나지 않는 엄마가 정말 죽은 줄 알고 아이는 겁이 덜컹 났나봅니다. 아이는 덥석 엄마 품에 안기며 엄마 얼굴에 눈물 콧물이 범벅인 얼굴로 비비대며 뽀뽀를 합니다.

"엄마~ 일어나, 죽지 말고 살아나."

아이의 머리속엔 백설공주가 왕자님의 입맞춤으로 살아났다는 것이 떠올라 뽀뽀로 엄마를 살려내려고 하는 것이었습니다.

뒤늦게 느껴진 사랑의 향기

저는 사람의 나이를 알아보는 데는 눈이 어둡습니다. 언젠가 환자의 아내가 너무나 젊어서 "동생이에요?"하고 물어 실수를 한 후부터는 본인들이 관계를 말해주지 않으면 잘 묻지를 않습니다.

한 중년 환자의 간병인이 있었는데, 사복을 하고 있었으면 정말 아내인줄 오해했을 것입니다. 환자와 나이가 비슷한데다가 너무나 다정하고 정성스럽게 간호하며 아픈 사람의 마음을 잘 헤아려 주는 베테랑 간병인이었습니다.

환자는 아내와 몇 해 전에 사별하고, 큰아들과 함께 살다 뇌졸중으로 쓰러진 후 병원생활을 하게 되었습니다. 재발한 병이라서 회복이 빠르지는 않았지만 조금씩 나아지는 모습을 보니 정말 포기해서는 안 되는 게 건강이라는 생각이 들었습니다.

어떤 때는 누가 듣거나 말거나 마치 훈육 주임선생님처럼 차갑게 꾸짖기도 하고, "시키는 대로 재활훈련을 하지 않으면 간병이고 뭐고 그만둘 거예요."라고 약간은 협박성 발언에 환자가 쩔쩔매며 발걸음을 떼곤 하는 모습이 안쓰러워 보인 적도 있지만 간병인이 정말로 가지 않을 것이라는 믿음이 있기에 우리는 뒤에서 웃음을 감추곤 했습니다.

처음 입원했을 때보다 훨씬 차도가 있어 퇴원을 하셔도 될 것 같은 생각이 들어 '이젠 뵙지 못하겠구나'하는 마음으로 병원에 도착하니 퇴원이 잠시 미루어졌다고 합니다. 며칠 전부터 환자가 다시 말을 못하고 있는데, 일부러 안 하는 것 같기도 하고, 다시 부엇이 잘못되었나 하는 생각도 들어 걱정이 앞서서 찾아뵈었더니 얼굴 화색이며 상태가 정말 전보다 많이 좋아보였습니다.

언제나 우리를 보면 어서 오라며 반갑게 맞아주시던 분이 말이 없으니 왠지 눈치가 보였습니다. 환자는 그냥 말씀 대신 요구르트를 하나씩 주며 마시라는 시늉을 하였습니다. 그런데 요구르트에서 전에 느껴보지 못한 향기가 났습니다. 곁에 계신 간병인 아주머니가 울고 있었습니다.

뒤늦게 느껴진 사랑의 향기!

향나무를 포장한 종이에서 향내가 난다더니 아마 사랑도 그런가봅니다. 환자와 간병인 아주머니는 서로 헤어지기가 싫었던 모양입니다. 사랑은 모든 것을 초월한다는데, 두 분의 모습

이 새삼 젊음을 되찾은 청춘의 모습으로 아름답게 보였습니다.

잠시 후 퇴원수속을 밟으러 온 가족한테 고자질을 할까 하는 생각이 잠시 스쳤습니다.

"두 분 모두 외롭게 사시는 분들이니 간병인 아주머니를 어머니로 모시면 어떻겠어요?"하고 말해버릴까요?

쓸쓸한 임종을 함께하며

서울역 지하도를 늦은 시간에 지나다 보면 신문지를 이불삼아 잠을 청하는 사람들이 있습니다. 그 사람들은 왜 그렇게 되었는지 그 긴 사연을 자못 궁금해 하면서 지나칠 때면 콧등이 시큰해집니다.

거리를 떠돌던 사람이 호스피스 병동에 입원을 하면 보호자도 없을 뿐만 아니라 누구 하나 따뜻한 손길 한번 주지 않습니다. 그런 사람들의 경우 대부분이 말기 암환자이거나, 그들에게서 심한 악취가 나기 때문입니다.

아무리 고약한 냄새가 나고, 아무리 손을 쓸 수 없는 환자라도 하늘나라에 갈 때는 깨끗하게 가야만 다음 생에 복을 받을 거라며, 손수 머리를 감기고 몸을 씻기는 동료 호스피스가 있습니다. 보기에 극성이다 싶다가도 내가 하지 못하는 일을 스스럼없이 하는 그녀의 모습에서 알 수 없는 어떤 힘이 느껴졌습니다.

거리를 헤매다 입원하는 환자를 거리의 천사라고 말합니다. 어느 날, 그런 거리의 천사가 입원을 하였습니다. 밤새도록 피를 토하고 얼굴에 땀방울이 가득하고 까맣고 끈끈한 변을 입은 옷에 보았습니다. 이런 상황에는 아무리 단련된 호스피스라도 얼굴을 찌푸리게 됩니다. 서로 눈치를 보고 있는데 극성스러운 동료가 들어왔습니다.

의사 선생님이 곧 하늘나라로 갈 것 같다고 하니, 빨리 씻을 물을 준비하자고 합니다. 아무도 엄두를 내지 못하고 있는 환자를 혼자라도 씻기겠다는 생각인가 봅니다. 하는 수 없이 나와 동료는 그녀가 시키는 대로 물을 받고 환자의 옷을 벗기고 온몸에 묻은 때와 등창에서 쏟아진 고름을 따뜻한 물로 씻어내고 깨끗한 환자복으로 갈아입혔습니다.

그도 태어날 때는 한 가정의 귀한 아들로 태어나서, 젊은 시절 사랑하는 여인도 있었을 것이며, 지금도 어딘가에 기다리고 있을 가족이 있을지도 모른다고 생각했습니다.

침대 덮개도 갈아주고 환자를 다시 침대 위에 눕히고 원목실에 달려가 신부님을 모셔왔습니다. 신부님과 봉사자들은 환자 곁에 둘러앉아 기도를 드렸습니다.

환자가 하늘나라로 잘 가라고 기도를 드리는데 마음이 한결 청결해진 기분이 들고 홀가분하였습니다. 극성스러운 동료로 인해 오늘 무심하게 저지를 뻔한 죄를 한 가지 씻은 기분이었습니다. 신부님이 환자의 손을 잡고 기도를 드리는데, 환자의 고통스럽던 얼굴이 편안해 보였습니다. 그의 몸에서 영혼이 빠져나가는 것을 느낄 즈음 우리는 환자가 입원할 때 풍기던 냄새는 이 세상에 남아 있는 우리의 죄가 아닐까 하는 생각을 해보았습니다.

그들이 싸늘한 바닥에서 잠을 청할 때 따뜻한 아랫목에서 더욱 편하고 좋은 것을 꿈꾸는 사람들이 있는 한, 그들만의 죄로 인해 그렇게 절망의 구렁텅이에 빠지게 되었는지 한 번쯤 생각할 문제입니다.

극성스러운 호스피스 동료에게 고맙다는 눈인사를 보내고 거리의 천사들이 하루빨리 따뜻한 가정의 품으로 돌아가길 기도해 봅니다.

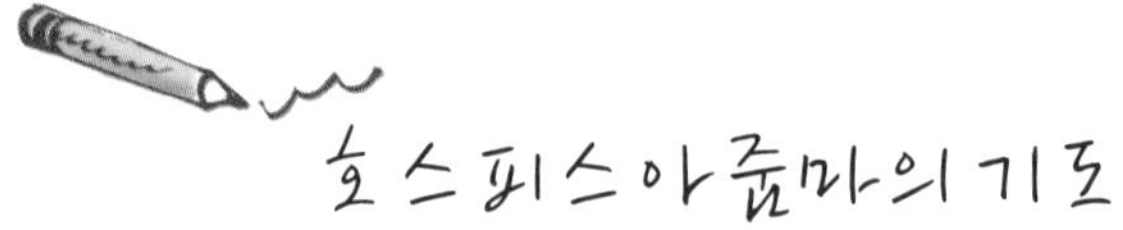

살아간다는 말은 살다가 간다는 말의 준말이라고 합니다.

사람은 누구나 태어날 때부터 사형수라고 합니다. 언제 사형집행을 당하게 될지 아무도 모르는 것입니다. 그런데 우리들은 이런 엄연한 사실을 모른 채 행복을 찾고, 출세를 찾고, 영광을 찾습니다.

이 말은 사형수에게는 어쩌면 가당치도 않은 망상으로 여겨질 것입니다. 사형수가 행복하면 얼마나 행복할 것이며, 출세를 하면 얼마나 출세를 할 것이며, 영광이 있으면 얼마나 영광스러울까요?

고통 속에 병마와 싸우고 있는 환자들을 보면 늘 다시금 생각하게 되는 게 우리네 삶입니다.

호스피스(hospice)는 중세기 예루살렘으로 성지순례를 가는 사람들이 하룻밤 편히 쉬었다가 갈 수 있도록 숙식을 제공하는 곳에서 유래되었다고 합니다. 그리고 더 나아가 아픈 사람이나 죽어가는 사람에게 쉴 곳과 약을 제공해주고, 보살펴 준다는 뜻도 담겨 있습니다. 죽어가는 환자에게 품위를 잃지 않고 평화스런 마음으로 임종할 수 있도록 신체적, 정신적으로 도움을 주며, 가족들에게도 격려와 지원을 아끼지 않는 게 호스피스의 활동입니다.

봉사자들은 기적을 바라거나 기다리지는 않습니다. 다만 우리와 만나는 환자들은 이미 손을 쓸 수가 없는 분들이 대부분이기에 평화롭게 사실 수 있도록 옆에서 도와드립니다.

사람은 누구나 가기 전에 초가 마지막 빛을 발하듯이 잠시 정신이 맑아집니다. 온몸 구석구석에 기계를 달지 않은 곳이 없는 사람도 약간의 의식만 있어도 콧등에 땀이 맺히도록 운동을 합니다. 비록 발가락만 서너 번 움직이는 정도지만 너무나 힘든 운동이라고 말합니다. 살아야 한다는 삶의 의지는 그만큼 소중한 것입니다.

뇌수술을 한 여자 환자가 있었습니다.

정신이 돌아오길 기다리며 주위 사람들이 자주 말을 시켜야 한다고 합니다.

"여기 어디에요? 이름이 뭐예요?"

그러면 아직 의식이 돌아오지 않은 환자는 엉뚱한 대답을 합니다.

"왜 신부님은 아직까지 안 오시나요? 아직 미사시간 멀었나요? 검은 옷을 입은 저분은 누구세요? 죄송합니다, 죄송합니다"하며 마른입에 손을 자주 갖다 댑니다.

아픈 환자를 곁에 두고 그래도 이분은 아프기 전의 생활은 깨끗했구나 하고 생각합니다.

가끔 병원에 가는 길에 조용필, 나훈아 때로는 박찬호까지 "누님 한번 놀러 오세요"라는 간곡한 부탁을 받으면 한 번쯤 가주어야 할 것 같은 생각이 들 때도 있습니다. 나이가 들어 공허하다고, 쓸쓸하다고 길에서 주는 유흥가의 명함에 빠져서 그들이 오라는 곳을 자주 드나들게 되어 혹시라도 미래에 중환자실에 눕게 된다면, 무의식중에 가족의 이름이 아닌 낯선 이름을 찾고, 명함에 적혀 있는 유흥가의 조용필, 나훈아, 박찬호를 부를지도 모를 거라는 생각을 하니 웃음이 나왔습니다.

언제나 미리 준비하고 살아온 듯 아픈 환자들은 참 예쁩니다. 한 번은 지나가는 저희를 보고 인사는 하고 싶은데, 호스피스라는 말이 생각이 나지 않았는지 "호스티스 아줌마! 안녕하세요"라고 인사하는 바람에 우리 봉사자들은 호스티스 역할로 마음 좋은 여주인, 안주인 행세도 마다하지 않고 있습니다.

언젠가 봉사자 교육을 해주신 어느 신부님께선 봉사자란 종놈, 종년, 종이 되는 일이라며 종이 언제 자기 마음대로 일하는 거 보았느냐고 하셨습니다.

예수님께서 제자들의 발을 닦아주실 때 버젓이 서서 닦아주더냐며, 주인(아픈 사람이나 나를 필요로 하는 사람) 앞에 가서는 그들이 가장 편한 마음으로 종을 부릴 수 있게 겸손으로 낮아져야 하고, 낮은 눈높이로 환자와 함께 대화하며 그들의 말을 믿고 항상 긍정적인 마음으로 들어주는 사람이 되어야 한다고 하셨습니다.

오늘도 집을 나설 때 나의 역할을 충실히 다하는 종년이 될 수 있게 해달라고 기도드리며 대문을 나섭니다.

내가 알게 도우소서.
내가 아끼는 사람들의 마음속 깊은 곳을
그들의 비밀스런 소망을, 그들이 견뎌온 모든 길들을
내가 그들에게 용기를 더할 수 있도록
나로 하여 행복한 이들은 좀더 행복하고
외로운 이들은 외로움을 조금 덜 느끼도록 할 수 있게 하소서.
잊어버려야 하는 것을 잊게 그리고 상기해야 하는
모든 종류의 것들을 확실하게 모두 기억하게 하소서.
나의 길에 놓여 있는 모든 괴롭히는 것들을 잊으며
매일 매일 즐겁고 희망차게 하소서.
삶을 노래하게 하소서!

기억에 남는 소중한 만남이었습니다.